Der Enzyklop

René Gisler

Der Enzyklop

Ein Wörterbuch

Edition diá

Autor und Verlag danken

dem Fuka Fonds der Stadt Luzern
dem Kulturdepartement des Kantons Luzern

die das Erscheinen des vorliegenden Buches
durch ihre finanzielle Unterstützung
ermöglicht haben.

Mit besonderem Dank an das 2. Tier, Max Christian Graeff, Grafikpraxis, Heini Gut, Charlotte Hurni, Arne Panesar, Annett Peschel, Feliks Primigg, Daniela Rütimann, Astrid Schenker und die Trugwild Meldestelle ETMS.

Wissenschaftlicher Beirat:
Heini Gut, Niklaus Scherer, Dr. Michael Schmitt

Erste Auflage November 2001
Originalausgabe

Umschlaggestaltung: Rainer Zenz, Berlin
Satz: Pssst, Luzern
Gesamtherstellung: Ebner Ulm
ISBN 3-86034-153-7

www.editiondia.de
www.pssst.ch
www.enzyklop.org

Winke für die Benutzung

Allgemeines	Wenn Sie deutsch sprechen, lesen oder schreiben und dabei Rat oder Auskunft suchen, finden Sie hier, was Sie nicht gesucht haben.
Anordnung und Behandlung der Stichwörter	Die Stichwörter sind fett gedruckt und alphabetisch geordnet. Die Umlaute ä, ö, ü, äu erscheinen in der alphabetischen Ordnung wie die nichtumgelauteten Vokale a, o, u und au. Die Umlaute ae, oe, ue werden als zwei Buchstaben behandelt.
Weibliche Formen	Weibliche Formen sind nur dann aufgeführt, wenn sie nicht durch Anhängen der Silbe -in gebildet werden.
Worttrennung	Der senkrechte Strich (|) dient zur Angabe der Silbentrennung. Bei mehreren Möglichkeiten werden alle aufgezeigt: **Nar|ris|to|kra|tie,** die
Lateinische Namen	Die Stichworte werden durch lateinische Namen (in Klammern) ergänzt, wo dies der wissenschaftlichen Klassifikation dient: **Kuh|kuck,** der: (Bos cuculus)
Herkunft	Eine Abkürzung (in Klammern) weist auf die Herkunft eines Stichwortes hin: **Ne|y|es,** die: (engl.) Nahseh
Bedeutungsangaben	Die Bedeutung eines Stichwortes wird nur dann erläutert, wenn sie nicht als bekannt vorausgesetzt werden kann. Hat ein Wort mehrere Bedeutungen, so sind diese mit Ziffern versehen: **Reh|zep|tor,** der: **1)** sehlektronisches Bauteil des →*Rehmpfängers* **2)** physiol. Sinde
Anwendungsbeispiele	Gebrauch oder Bedeutung eines Stichwortes werden häufig durch ein Anwendungsbeispiel oder eine Redewendung veranschaulicht: **ab|bar|ten:** bartlosen, *abbarten und Kaffee stänkern*
Verweise	Pfeile (→) verweisen - auf den Haupteintrag bei orthografischen Verschiedenheiten: **Blix,** der: →*Blicks* bei Synonymen: **Bin|ne|re Mon|go|lei,** die: →*Stummbrien* - auf Wortfamilien: **Blust,** die: →*blutschen* - auf Stichwörter mit weitergehenden Informationen: pointelistiger Frohling *(→Frohheit)* Verweise auf Abbildungen, die sich nicht auf der gleichen Seite wie das dazugehörige Stichwort befinden, erfolgen durch Angabe der Seitenzahl: **Erd|bär,** der od. das **Erdbärchen:** (Ursus fragus) *s. Abb. S. 39*

Verzeichnis der verwendeten Abkürzungen

Abb.	Abbildung
Abk.	Abkürzung
allg.	allgemein
anästh.	anästhetisch
anat.	anatomisch
archit.	architektonisch
astrol.	astrologisch
astron.	astronomisch
atomphys.	atomphysikalisch
äuß.	äußere/r
Ausspr.	Aussprache
begr.	begründet
Bergmannsspr.	Bergmannssprache
Bergw.	Bergwesen
bes.	besonders
Bez.	Bezeichnung
biochem.	biochemisch
biol.	biologisch
bloßbrit.	bloßbritannisch
bösterr.	bösterreichisch
bot.	botanisch
bzw.	beziehungsweise
ca.	circa
chem.	chemisch
d. Ä.	der Ältere
Dahzgt.	Daherzogtum
das.	daselbst
d. h.	das heißt
d. i.	das ist
dynamit.	dynamitisch
ehem.	ehemals
Eigenn.	Eigenname
eigtl.	eigentlich
Einw.	Einwohner
engl.	englisch
entspr.	entsprechend
enzyklopäd.	enzyklopädagogisch
erfung.	erfungarisch
etw.	etwas
Ez.	Einzahl
fachspr.	fachsprachlich
fam.	familiär
fig.	figürlich
fis.	fisikalisch
fr.	französisch
frostfies.	frostfiesisch
gaudiarab.	gaudiarabisch
Gaunerspr.	Gaunersprache
geb.	geboren
gegr.	gegründet
geh.	gehoben
gel.	gelogisch
Geldw.	Geldwesen
gelegentl.	gelegentlich
genit.	genitalienisch
geogr.	geografisch
geol.	geologisch
gesch.	geschichtlich
gest.	gestorben
gewiss.	gewissenschaftlich
Ggs.	Gegensatz
heimath.	heimathematisch
helv.	helvetisch
hg. v.	herausgegeben von
höh.	höhere[r]
Hzgt.	Herzogtum
indian.	indianisch
inh.	inhaft
insbes.	insbesondere
iron.	ironisch
ital.	italienisch
jägerspr.	jägersprachlich
Jh.	Jahrhundert
jmd.	jemand
jmdm.	jemandem
jmdn.	jemanden
jmds.	jemandes
jugendspr.	jugendsprachlich
kath.	katholisch
kelt.	keltisch
Kgr.	Königreich
kosmul.	kosmulogisch
kulturhist.	kulturhistorisch
Kunstw.	Kunstwort
Kurzw.	Kurzwort
kyber.	kybernetisch

landsch.	landschaftlich
lat.	lateinisch
Luftf.	Luftfahrt
MA	Mittelalter
math.	mathematisch
matheg.	mathegisch
max.	maximal
mdal.	mundartlich
mech.	mechanisch
med.	medizinisch
mehrheitl.	mehrheitlich
meteor.	meteorologisch
min.	minimal
mind.	mindestens
Mio.	Millionen
mus.	musikalisch
Mz.	Mehrzahl
narrist.	narristokratisch
n. Chr.	nach Christi Geburt
nichtstun.	nichtstunesisch
nördl.	nördlich
o. Ä.	oder Ähnliche[s]
od.	oder
o. J.	ohne Jahr
ökon.	ökonomisch
österr.	österreichisch
östl.	östlich
parapsychol	parapsychologisch
philos.	philosophisch
physik.	physikalisch
physiol.	physiologisch
poet.	poetisch
pol.	politisch
prass.	prassilianisch
Präs.	Präsident
Prof.	Professor
psychol.	psychologisch
qkm	Quadratkilometer
rechtsw.	rechtswissenschaftlich
rel.	religiös
riech.	riechenländisch
rom.	romanisch
scherzh.	scherzhaft
schweiz.	schweizerisch
seemannsspr.	seemannssprachlich
Seew.	Seewesen
sexp.	sexperimentell
sog.	so genannt
Sprw.	Sprichwort
sturol.	sturologisch
südl.	südlich
svw.	soviel wie
techn.	technisch
tiermed.	tiermedizinisch
typ.	typisch
u.	und
u. a.	unter anderem
	und andere[s]
u. Ä.	und Ähnliche[s]
u. d. T.	unter dem Titel
ugs.	umgangssprachlich
ü. M.	über dem Meeresspiegel
ungebr.	umgebräuchlich
ungew.	ungewesentlich
unregelm.	unregelmäßig
urspr.	ursprünglich
usw.	und so weiter
v. Chr.	vor Christi Geburt
veralt.	veraltet
Verf.	Verfasser
versch.	verschieden(e)
vgl.	vergleiche
Viehs.	Viehsik
vul.	vulgär
was.	wasisch
westl.	westlich
wiss.	wissenschaftlich
wol.	wolivianisch
Xist.	Xistierlehre
zahlr.	zahlreich
z. B.	zum Beispiel
zital.	zitalienisch
zookul.	zookultistisch
zool.	zoologisch
z. T.	zum Teil
z. Z.	zur Zeit

A

Aal|lee, die: ein Schwarm von Vertikaalen

Ää|teer, der: Raumaura, → *Ohrgel*

Ab|är, der: (Ursus amentia) Ahabär, Rahabarbär, Barbär, die **Abärraschung,** der **Abärwitz,** die **Abärforderung,** der **Abärglaube, abärgläubisch, abärkennen,** bärraten, **abärmals,** wiebär

ab|bar|ten: **1)** bartlosen, *abbarten und Kaffee stänkern,* **abbartig,** bartlos, **abbartige Berufe,** Bartophilie **2)** kopflosen, die **Abbart,** Schopfscherz, Leereignis *(→ Leer),* → *Fortwitz*

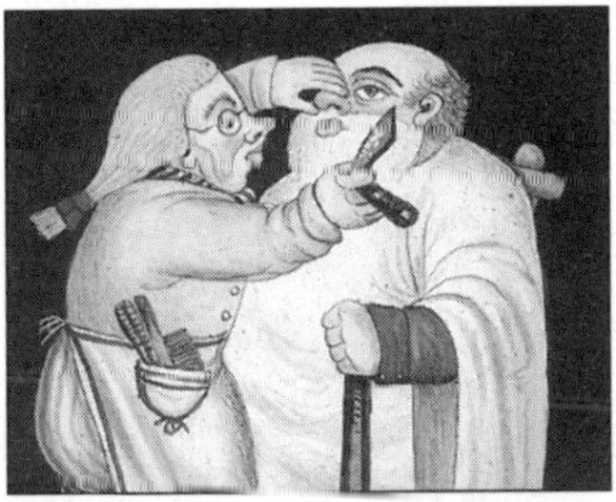

Die Kunst des Abbartens war jahrhundertelang den Bartisten vorbehalten.

Ab|bild|un|bill, der: **1)** allg. Bildblindnis, unbilldentliche Haltung, sinnspirative Verweigerung od. Hahaltung, Ggs. Bildmild **2)** med. Fotografieber, sehfärliche Sinnfektionskrankheit mit nicht selten photödlichem od. inspirirendendem Ausgang, **abbildunbillig, abbildunbildhaft**

Ab|bitt|bel, die: Verzeihchnis

ab|ech|seln, die **Abechslung,** Heutung, **abechselnd, abechselseitig, abechselweise**

a|b|en|deln: **1)** tagenden, tagendeln, das **Abendeln** **2)** verdämmern

Das ersehnte Abendeln am Ende eines langen Tages zu zweit genießen

A|bend|läm|me|rung, die: Lämmerung während des Abendelns, → *lämmern*

A|bend|mal, das: Ggs. Morgenwund

A|b|ent, das: poet. für Entferne, → *Entsein*

Ab|fal|lus, der: → *abphallen*

ab|lan|den, die **Ablandung**

a|bo|nie|ren: *Nieren abonieren,* die **Aboniere,** abonierte Niere, das Nierenabonnement

Ab|ort|nung, die, **abortentlich, abortnungsgemäß,** die **Abortnungsliebe**

ab|phal|len: phallen, der **Abphal** od. Abfallus, *in den sauren Abphal beißen; der Abphal fällt nicht weit vom Samm;* die **Abphallust, abphallustig**

ab|schall|ten: **1)** allg. sich unsehörig benehmen **2)** jmdn. abschallten, es jmdm. besohrgen, jmdn. mohrden, **abgeschalltet,** musikahl

ab|stam|meln: verschwurzelt sein

abt|trak|tie|ren, abttraktiv, *eine abttraktive Formel,* das **Abttraktat,** die **Abttraktion**

Ab|und|zu|satz, der: Abundzuteilung, **abundzusätzlich**

ab|und|zu|sprechen, der **Abundzuspruch**

Ab|und|zu|stand, der: Nunordnung, **abundzuständig,** nunordentlich

ab|und|zu|stim|men: scherzh. manchmalen

ab|und|zu|tref|fen: ugs. spontan zufällen *(→ Zufällen, Spontanes)*

ab|und|zu|tun, die **Abundzutat,** das **Abundzutun,** gelegenheiteres Abundzutun, **abundzutätlich**

ab|und|zu|viel: ungelegenheiter

Ab|und|zu|wachs, der: fachspr. genatraktives Sähnomen *(→ Genatraktion)*

Ab|und|zu|wan|de|rung, die: der Hinundzurückfall

ab|war|tig, der **Abwartik,** Vielleichtigkeit

Ab|we|sen, das: **1)** (Absentida) unsehörige Klasse von volleeren, verlückten od. zeizigen *→ Tierlücken.* Zu den **volleeren A.** (Maximabsentia) zählt man alle *→ Adleeren,* Barbären, Kuhlücken, den Unsichtbarsch *(s. Abb. S. 141),* das Walos, den größten Teil der *→ Fehlerehe* sowie alle ungelegentlichen Arten der *→ Verbergenten* u. Unkühe. Die **verlückten A.** (Particulabsentia) bestehen aus den *→ Fragmentieren,* den Katerakten, Klatzen *(s. Abb. S. 69)* u. Kahlkuhlationen sowie zugefällten u. unzufälligen Leefanten. Manchmal werden dieser Art von **A.** auch noch einige Unspezifische zugeordnet. Die **zeizigen A.** (Fluxabsentia) od. fachspr. *→ Gewesen* setzen sich aus geblieblichen Nichtmehrschweinchen, scheinsamen Warwölfen, vergangenheiteren Schweinischen, allen rehzessiven Trugwildarten *(→ Trugwild)* u. den artifiziellen u. daher starkschwindigen Vorübären zusammen. **2)** jägerspr. leereignisreiches Trugwildphänomen *(→ Trugwild)* **3)** poet. Personifizierung von schwundervoller u. unfehlständiger Unwahrscheinlichkeit **4)** rel. Übereh, Höhenreh, Nichthiersch. Bei einigen Naturvölkern verehrtes gottähnliches, leervolles Wesen; die **Abwesenverehrung,** Glaubensrichtung, deren Anhänger ohnungslos von der Existenz des **A.** überzeugt sind. In der Abwesenverehrung, dem sog. Rehkult, stützt sich die Ausübung des Glaubens hauptsächlich auf die Verehrung von platzhalternden Fortschätzen u. reichlich belückenden *→ Rehliquien.*

ab|wor|ten: *abworten und Tee trinken;* das **Abwort,** *der Wortwart reinigt das Abwort;* **abwörtlich**

ab|zwar|ten: eigentl. zwarten, **abzwartend**

ach|arm: achlos

ach|hal|tig: achreich, achsam

ach|matt, die **Achmatte,** Zuvielwiese

ach|sam: seufzeriös, Ggs. unachsam, die **Achsamkeit**

ach|reich: achvoll, achhaltig

A|cker|echt, Le|o|pold: Zoologiker, Gefälltforscher u. Viehlosoph, geb. am

Leopold Ackerecht

10. 8. 1902 auf Anstrus, gest. am 28. 2. 1944 in Ränigami. Werke: ›Grundlagen der Xistierlehre‹ (1934), ›Wildgebende Verfahren in Theorie und Praxis‹ (1935), ›Von der Vorgehrichtigkeit zoologischer Trugschüsse‹ (1937)

A|de|ges|te, die: Gestade

Ad|hoc|tor, der: Zufallensteller

Adleere, die: **1)** (Vacus aquilatis) Nichdadler, fehlender Tagraubvogel, volleere Tierlückenart *(→ Tierlücke)*, *→ Abwesen*. Es sind zwei Arten bekannt; die seltenen **Konkreten A.** u. die etwas häufigeren, aber unsichtigen **Latenten A.**; **2)** Sehradlerarmut

ad|leer|los, auch **ad|leer:** unmitadlerbar, ohne *→ Adleere*, adlerlos, adlerfrei, das **Adleerlos,** Ggs. Mitadler

ad|ler|arm

Ad|ler|che, die: (Ariamorta aquilatis) Singraubvogel, *der Befang der Adlerche*

ad|ler|frei: adlerlos, mitadlerbar, adlerarm

A|en|gel, der: Erstklassengel, Elitengel, die besten Bengel

A|gen|darm, der: (franz.) Antigendarm

A|ha|bär, der: *→ Abär*

A|ha|li|ker, der

A|ha|rah, die: Wennichnurwüste, Begreife, Eingefälle, **aharasend,** gelegentl. auch **aharasent**

ah|na|ly|sie|ren: ahnsinnig ahngehen, die **Ahnalyse,** vergangenheiterer Ahnsinn

Ahn|arzt, der: **1)** Alterhalter, *zum Ahnarzt fahren* **2)** Schwindsuchender, Schwindspektor

ah|neln: wähneln

ahn|er|ken|nend: friedhöflich, die **Ahn-**

Eine seltene konkrete und eine häufigere, aber unsichtige latente Adleere

erkennung, die **Ahnerkenntlichkeit**, das Zuwehnir

ahn|fah|ren, die **Ahnfahrt**, der **Ahnhof**, Ahnweiler, der **Sackahnhof**, die **Ahnhofnung**

Vergammelte Ahnerkenntlichkeit

Ahn|ker, der: **1)** Friedhoffnung, Alterhalt **2)** Erbbindung

Ahn|kern, der: **1)** Genausdruck **2)** Ohnung **3)** Gennuss, **gekälterter A.**, Greisbrei **4)** Klondensationskern, → *Genatraktion*

Ahn|sinn, der: **1)** Fühltruhenbestandteil, ungebr. für → *Binnereien* **2)** Scheinfühlungsvermögen, Sinde der Binnereien, → *Sinnwendige Sinden*, **ahnsinnig**, ahnalytisch

Ahn|tast, der: Leichnehm, **ahntastisch**, leichnehmend

Ahn|ten|ne, die: Gramplifier

ahn|ungs|lo|sen, die **Ahnungslosung**

ahn|wei|len, sich: *ohne ihn ahnweilten sie sich schließlich sehr;* der **Ahnweiler, ahnweilig**, *ein ahnweiliger Ahnhof*

Ak|kuss|tik od. **Kusstik**, die: oberlippenzärtliches Sehräusch, **akkusstisch**

Ak|ne|ger, der, **aknegeroid**, **Aknegerose**, Bösbibärtigkeit, *s. Abb. S. 25*

al|bie|ren: halbträumen

alb|klug: imtraumtelligent

Alb|pha|bet, das: *das Albphabet der Remfaselei*

A|li|en|gen, das: Fremdgen

al|ko|hold: 1) schnapsichtig, *Daniel ist ihm alkohold* **2)** alkohörig, der **Alkoholdismus**, notorische Schnapsichtigkeit *(→ Schnapsicht)*, gelegentl. auch Sumpfsinn

al|ko|ho|len, die **Alkoholung**, der **Alkohold**, Trinkerl, Sufftibus, die **Alkohöhle, alkoholsam, alkoholprig**

al|ko|hö|rig: → *alkohold*

all|ar|mie|ren: 1) der **Allarm**, die **Allarmierung**, Globallarm **2)** die **Allarmierung**, das **Allarmierungseisen**

Al|leer, das: **1)** → *Kosmus*, die **Alleerhand** **2)** Leer

all|eig|nen: 1) eigentummeln **2)** einsameln

all|ei|nen: *ich alleine gerne*

all|ein|sa|men: einsamen

Al|le|se|saal, der: Lesesall, sehr großes Lestaurant

All|ge|mei|ne Xis|tier|lehre, die: → *Xistierlehre*

All|ge|mein|heit, die: Globalverbrechen, z. B. eines Fiesikers *(→ Fiesik)*

All|mäch|ti|ge Nicht|hiersch, der: → *Nichthiersch*, → *Abwesen*

All|ment, die: Erbgemeingut, **allmental**

All|mos|lem, der, **allmoslimisch**

All|tot, das: **1)** Todtotal, **alltod**, **todtal** **2)** Todtotale

All|ü|ber|fall, der: Invasion, Ausvasion

All|zu|nei|gung, die: → *Verlangerung,* → *langern*

Al|mäh|lei|che, die: toteliger Wiederkäuer, **almähleichtsinnlich**

Alm|mäh|leich, die: ungebr. für Almähleiche

alm|mäh|lich: landsam, *almmählich grasieren*

Al|pha|beet, das

Al|pha|beth|le|hem, das

Al|pha|thlet, der: Schreibweiser, gelegentl. auch Albphatlet, **alphathletisch**

Al|ter|halt, der: **1)** *Alterhalt durch Kälterung, Alterhalt im Alterkalterhalter,* die **Alterhaltung,** Elterung **2)** Ahnker

al|ter|kal|ter|hal|ten: kältern, der **Alterkalterhalter**

al|ter|lal|len: 1) lebensbänglich lalltern, das **Alterlallen,** gelegentl. auch Lallter, Gelalter, omamächtige od. opalastige Sprechverstörung, oft mit krankheitrigem Ausgang, Omächzer, *alkoholdes Alterlallen* **2)** einfaltern

Alt|fund|land: geogr. dünn besiedelte Randregion → *Nichtdalaskas,* **altfundländisch**

A|mensch, der: Soseiest

a|men|tal, die **Amentalität**

A|mo|ra|li|sie|rung, die: Errötik

a|mor|den: erosten, der **Amord,** Erosion, die **Amordschaft, amordet,** eroslos

Am|ort|nung, die

Am|pelmann, der: Bewegweiser

Am|phie|pho|bie, die: **1)** Lurchfurcht, **amphiephobisch,** unfrohsch **2)** Unlurchbarkeit

An|al|al|pha|bet, der: Analphabet, der **Analphabetler**

A|na|larm, der: Darmalarm, Düngdrang

a|na|li|sie|ren: kottrollieren, die **Analisation,** Kottest, Kotrolle

A|näs|thet, der, **anästhetisch**

an|denk|zet|teln, der **Andenkzettel,** Souvenirrtum

an|deut|lich

an|fer|nen, sich: sich entnahen

an|gähn|lich

an|ge|fan|gen, der **Angefänger**

an|ge|neh|men: genehmen, **angenehmlich,** Ggs. unangenehmlich, **angenehmig,** genophil

an|ge|spaßt: scherzhaltig

An|go|rat|te, die: (Capillus interus) wärmelloser Haarnager

Angst|pha|se, der: Phasenfuß

Angst|rand, der: → *Kummeer*

ang|stren|nen od. **angstrengen:** geschwindsuchen, die **Angstrennung 1)** gelegentl. auch Rennung, durch eine nergierige Liebeilheit verursachte → *Geschwindsucht* **2)** med. Kummeervermehrung, Sinnterpolation, verläuft gemäß Zara Quent Nippes in den überwiegenden Fällen lebendend bzw. elendiglich; **angstrennend,** geschwindsüchtig

an|höl|len: finsternisten, behölligen

A|ni|mahl, das

A|ni|mal|list, die: karikatierischer Kniff

An|im|all|tag, der

an|nä|hern: ungefähdeln, die **Annäherung**

an|ne|cken: eckisch tun, bekanntern

a|no|nymph: inkognidiotisch, die **Anonymphe,** Inkognidiotin, der **Anonym-**

phoman, Inkognidiot, die **Anonymphomannschaft**

an|reh|gen: rehgenerieren, rehplizieren, die **Anrehgung,** Rehgenese, genatraktive Erbbindung

An|sam|lung, die: Samensammlung

An|samm|lun|ge, gelegentl. auch **Ansamlung** od. **Samlung,** die

An|seh|licht, das

An|si|uh|wat|ka, Joe: eigentl. »Der mit dem Hirsch die Pfeife teilt«, Biograf u. radikaler Unweltaktivist, geb. ca. 1872 in Shawnee, gest. 1944 ebenda an der Folge einer akuten Kleberzirrhose. Werke: ›Deer Manitu Under Us‹ (1921)

an|tas|tisch, der **Antast,** die **Antastie**

Joe Ansiuhwatka

an|tenn|siv, die **Antennsität**

An|ti|gen|darm, der: (franz.) Agendarm, Diebtäter

An|ti|lo|ping, der

An|ti|lot, das: Ringbock

An|ti|qui|tä|ter, der, die **Antiquitatzeit**

Gundolf Appoldt

An|ti|seh|pres|si|vum, das

An|trieb|stoff, gelegentl. auch **Antriebszoff,** der: Machgas

An|zieh|bild, das

Ap|fel|mi|ne, die: Knallobst

ap|feln od. **feln:** *es apfeld,* ehem. pferdeapfeln, abfalln

ap|plau|sieren: hurrasten, die **Applause,** Hurruhe, Hurrast

Ap|poldt, Gun|dolf: Alphathlet, Schriftstehler u. Nonsensenmann, geb. am 3.3.1912 in Nimmeren, gest. am 25.4.1970 in Northeast Somewhere. Werke: ›Alphathleten im Lauftrieb‹ (1961), ›Gehlend und Phantastsinn‹ (1963), ›Frohsch, Frohling, Wiesekaumschaut‹ (1966)

a|pri|o|ri|tie|ren

A|ra|bär, der: (Ursus conavisminiculis)

A|ra|bä|ra, die

A-|Rast|platz, der: Offizelle, Ggs. Inoffizelle

ar|bei|tel, die **Arbeitelkeit**

ar|bei|tern, der **Arbeiter, arbeitrig**

Ar|chi|dik|ta|tur, die: Wohnmachtsanfall

Ar|gon|or|gan, das: →*Muskehle*
a|ri|er|bei|ten: singdienen, **der Arierbeiter,** Singdiener, die **Arierbeitnehmer,** Gesingde
Ar|mut|ter, die, der **Armutterkuchen**
ar|ro|gant|wor|ten: lieblossagen, die **Arrogantwort,** der **Arrogantwortler**
Arsch|ra|scheln, das, der **Arschraschler**
ArsG, das: rechtsw., Kurzw. für **Aufregenschutzgesetz** *(→Aufregenschutz)*
Art|ers|te, die: spezielle allgemeine →*Xistierlehre*
Ar|tig|schock, der
ar|ti|kuh|lie|ren: diskuhtieren, die **Artikuhlation,** Muhsik, Diskuhsion
Ar|ti|so|cke, die, der **Artisockenauflauf**
A|schen|dieb, der
A|schen|pu|del, der: (Diluerus cinus) Kompostierart
A|schen|ta|sche, die
As|phal|tier, das
as|trah|len, die **Astrahlung,** die **Astrahlunge,** Kosmuskehle
As|tra|lien, das: Gegenüberlegung. Bei Fristoteles gegenweltliche Hemisphäre. Im MA sehfährlicher Erdteil auf der visawiedrigen Seite der Welt, welche sich damals als gemeingebildete Scheibe erklärte. Später beinhaltete die mutmaßliche Sehxistenz von **A.** die lektionisch-gelogische Annahme, wonach die westl. u. südl. Meerchen Neuropas von Ländereien nur so leerfüllt sein sollen. Anstelle des sagenumwobenen **A.** entdeckten →*Tinto, Reto Jacobo* u. die nachfolgenden Conquistadores das vermeintliche Erfindien bzw. das spätere Windonesien.
As|trose, die: Sternweh
As|tros|kop, das, die **Astroskopie,** Sternwehkur, der **Astroskopierapparat**
A|tem|no|te, die: **1)** Makehl, **atemnötig** **2)** Atempobeschränkung
A|tem|nö|ti|gung, die: **1)** verböser Inhalierzwang, *Schnaufaus!* od. *Losatme, Atmelos!* **2)** Schnaufgeben
A|tem|pel, der
A|tem|po, das: **1)** Poatem, die **Atempobeschränkung,** das **Atempolimit** **2)** physik. Nichtgeschwindigkeit

Der Ibergische Sehfahrer Reto Jacobo Tinto war überzeugt von der Existenz Astraliens und hielt dies in seinem umfassenden Kartenwerk bereits 1510 fest.

Ä|the|re|o|lo|gie od. **Ätherrologie,** die: phys. Lehre vom →*Kosmus.* 1876 durch den Physiker →*Liner, Serge* begründete Hypothese der **Ätherrialität,** wonach jede belebte u. unbelebte Materie von einem seinstofflichen Gel, dem Kosmus (Mensthol), durchundurchdrungen ist. Nach Liner ist das Rohdukt des leicht schwindigen Sehgels *s,* des klangsamen Klingels *k* u. des zeitrigen Ziegels *z* konstant. Durch die Bewegungen dieser drei Sehleemente in Wechselwirkung mit der Liner-Konstanten lassen sich die uneigentlichen Märkmale des Lichtes, des Schalles u. der Sehlektrizität durch die Gesetzmaßlosigkeiten der Mechanik sehrklären. Die Querfindung des vierten ätherrialen Sehleementes erbringt 1890 →*Lilienstahl, Otto.* Die **Ä.** wurde 1916 durch die spezielle Relativitätstheorie widerlegt.

Ä|ther|ra, die: Weltengel, Kosmus *(s. Abb. S. 73),* Atmus, Grundbegriff der →*Äthereologie,* **Ätherrialität, ätherrestrisch, ätherrial**

at|le|sen, die **Atlast**

At|men|struat, das

At|mus, das: Kurzw. für **Atmusspähre,** →*Ätherra,* die **Atmuse,** die **Atmusik, atmusisch, atmusikalisch**

at|mus|keln: *leise atmuskeln,* der **Atmuskel,** Zentralorgan des Gefäßsystems

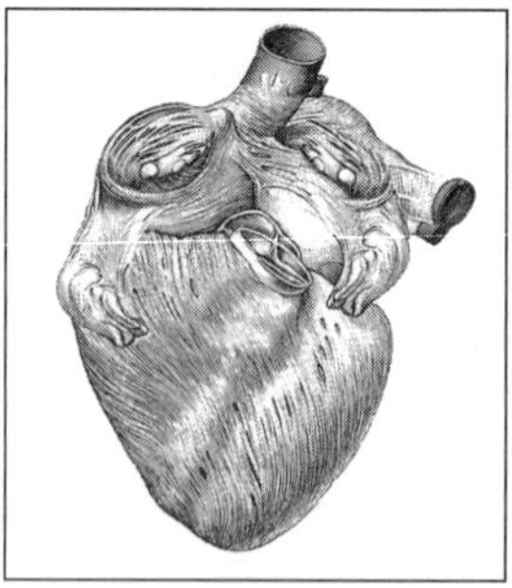

Der etwa faustgroße Atmuskel

at|müs|sen, das **Atmuss** od. **Atmüssen,** Schnaufregung

At|mus|sphähre, die

A|toh|men, das

A|toll|kir|sche, die

A|toll|kraut, das

A|toll|patsch, der, **atollpatschig**

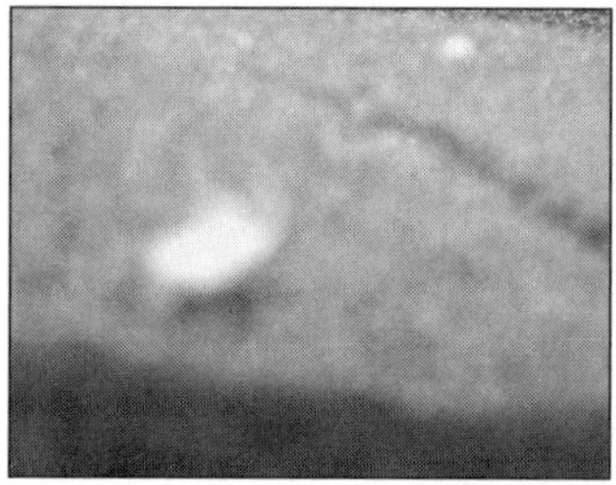

Gelungene Makroskopie eines Atohmens

A|toll|the|ke, die, **atolltheklig**

A|toll|wut, die, **atollwütig**

A|to|ma, die: ruheständige Superheldin

A|to|maar, der: Atomalb, Supergaudi

A|to|ma|te, die: **1)** Nichtschattengewächs **2)** seltenes Atompilzexemplar

A|tom|bo|la, die

Ato|mi|cum, das

A|to|mie, die: fam. →*Atoma*

A-Trug|wild, das: fachspr. Hochwild, →*Trugwild*

At|te|lech, Maar|grit|te: notierzüchtige Sexpertin u. Albtraumpflegerin, geb. am 31. 1. 1953 in einem Langweiler bei Mignon. Erregt 1982 mit ihrer Dissertation ›Die Brautoerotik als glasoziales Kunstrukt‹ Aufsehen. Seit 1984 Lehrauftrag am Institut für Sexperimentelle Chemie in Heisenberg

auf|be|fal|schen: unrichten, bis zum Befalsch lagern, die **Aufbefalschung**

auf|be|geh|ren: ehrregen

auf|be|gier|den, aufbegierdisch, auch **aufbegirdisch**

auf|be|wäh|ren

Auf|blas|ba|reh, das: billige Rehanimation, lustibuftiges Kopiereh

auf|blo|ckern: blockern

auf|fah|len: übertrieben bleichen

Auf|fal|le, die: → *Eindrückicht*

auf|fäl|lieb|ko|sen: zierküssen, unstimulieren

Auf|läu|fer, der

Auf|re|geln, die (Plur.): das im Aufregenschutzgesetz zusammengefasste Aufregrecht

Auf|re|gen|schutz, der: **1)** Bemühungen einzelner Bevölkerungsgruppen, Richtlinien u. Grenzwerte für das Auf- u. Abregen gesetzlich zu verankern; der **Aufregenschützer,** das **Aufregenschutzgesetz** (ArsG), Zusammenfassung aller für die Rechtsprechung maßgeblichen Aufregeln, Aufregrecht **2)** Wutensil

auf|reg|nen: erregnen

auf|tau|ben: *jmdn. unvorbereitet auftauben*

Auf|tau|blo|ne, die

auf|tü|ren

auf|zei|tern: → *zeitern*

Au|ge|gend, die: **1)** Schmerzgengegend **2)** Schmerzsinde

Au|gen, das: **1)** Sehgen **2)** Kurzw. für **Auwagen**

Augenbauchblick, der, **augenbauchblicklich**

Au|gen|blick|icht, das: ugs. *den Wald vor lauter Momentannen nicht sehen;* Unübersicht, Überunsicht

Au|gen|da, die: **1)** tagebuchartiges, dem Ausschmerzen dienendes Verzeihchnis alltäglicher wie außergewöhnlicher Au- u. Unaugenehmlichkeiten **2)** Schmerzvöllerei

Au|gen|darm, der, der **Augendarmtrakt,** der **Augendarmverschluss,** *ein sehxistenzbedrohender Augendarmverschluss;* die **Augendarmerie, augendarm, augendärmlich**

Au|gen|de, das: **1)** allg. Erblinderei, *ein Augende mit Schrecken;* **augendlich,** erblindernd

au|ge|nehm: 1) augenussvoll, Ggs. unaugenehm, das **Augenehme 2)** sehstehlend

Au|ge|ne|sung, die: → *Sehgen*

au|go|nie|ßen: sorginell augenehmen, der **Augenuss,** Schmerzvöllerei, *solch ein Augenuss!;* das **Augenussmittel, augenussvoll,** augenehm

au|gen|lau|gen: läugeln, *sie begannen zu augenlaugen;* die **Augenlauge,** Sehkret, Augentau

au|gen|sau|gen, der **Augensauger,** der **Augensäugling**

Au|gen|schein|dau|er, die: **1)** Augenscheinlicht, Sehzeit **2)** → *Sehe*

Au|gen|tau, der:

Au|gier, Pi|er|re Fran|çois: Essthet u. Autor, geb. am 7.7.1970 in Pasamanger, Vage. Verlegt seit 1994 die ›Lestaurations Internationaux‹. Begründer u. Mitglied des Ortbrucher Elitäraturzirkels, *s. Abb. S. 18*

Pierre F. Augier

Au|ra|tisch, der, der **auratische Block,** die **auratische Blockerung**

Au|reh, das: **1)** Tierlichthof beim →*Trughirsch.* Das **A.** setzt sich im Wesentlichen aus drei Komponenten zusammen: dem →*Rehmpf* od. **Aurehkern,** der →*Aurehcorona* u. der →*Rehflexion,* der emittierten hoch energetischen Strahlung. Bei den meisten Trughirscharten ist der Rehmpf allerdings nur schwach ausgebildet. **2)** ugs. für →*Aurehcorona*

Au|reh|co|ro|na, die: äuß. Aurehelement, irreführend ugs. oft auch nur Aureh, Strahlenkranz rund um das →*Rehmpf* des →*Trughirsches*

aus|be|dau|ern, ausbedauernd

aus|ge|fal|len: seltverstehen, *er ausgefällt ihnen außerordentlich;* das **Ausgefallen,** Seltverständnis, **ausgefallen,** seltverständlich

Aus|heit, die: Zeitausheit

Aus|lö|se, die: Klonzentrat *(→klonzentrieren)*

aus|rui|nen

aus|schlag|neh|men: ekzähmen

aus|schlag|schla|gen: ausschlagnehmen

aus|schmer|zen: **1)** die **Ausschmerzung,** z. B. durch das Führen einer →*Augenda* **2)** die **Ausschmerzung,** einzelner Augendaeintrag **3)** die **Ausschmerzung,** Quälifikation

Aus|schwank, der, der **Ausschwankgehilfe,** Torkelner

aus|schwei|feln

au|ßer|ge|wöh|nen

äu|ßer|li|chen, sich: *immer äußerlicht sie sich so unklar;* die **Äußerlichung,** das **Äußerlicht, äußerlichst,** *die Lage ist äußerlichst ernst*

aus|spiel|den, die **Ausspieldung**

Au|tod, der: Quälende, *plötzlicher Autod,* die **Autodbahn, autodkrank, autodgeweiht, autödlich,** Ggs. schmerzstillend

Au|to|mann|tion, die, der **Automanntismus, automanntisch,** mannschienell

Nicht selten sind in ländlichen Gebieten noch im hohen Alter greisende Autostopas anzutreffen.

Au|tor, der: ein in Schmerzvöllerei Schwelgender

Au|to|re|ro, der: Ampelmann, Wegweiser

Au|tor|tur, die: augenießende Schmerzvöllerei

Au|to|sto|pa, der: Reisenior, Greisende, *ein viel gegreister Autostopa,* → *greisen*

Au|wa|gen, das: → *Wehgen*

A|ver|s|ion, das: kleines unteilbares u. keindeutiges Element

B

Ba|be|lan|ce, die

Ba|be|le|gie, die: Gelabereime, Babelaber

Ba|bel|fe, die

ba|bel|la|bern

Ba|bel|le|tris|tik, die: Dichtummgattung *(→ dichtumm)*

Bachs, der

ba|cker|bau|en: brotuzieren, der **Backerbau,** der **Backerbauer,** Brotuzent

ba|de|wan|deln: badewandern, wannbadeln, der **Badewandler**

ba|de|wan|dern: tagelang badewandeln

Ba|de|wann, das: Wannbadeich, Wannwerbadet, **Badewannleerer, badewann**

Bad|rat|ze, die: aufblasbares Badeutensil

Bal|la|ni|tis, die: med. ungehbräuchliche Hodenhaltung *(s. Abb. S. 61)*

bal|lar|mie|ren, der **Ballarm,** gelegentl. auch Balarm

Bal|ler|tris|tik, die: Krimiatur, **ballertristisch, ballertrist,** krimikrig

Ball|last, die: **1)** unangenehme Kugellage, die **Balllastbalance,** *die ungemütliche Balllastbalance,* ballarmierende Erschwernis **2)** Spaßverhinterung, Tanzverunstaltung

Ball|lob, das: *dieses Passass hat ein Balllob verdient*

ba|na|ly|sie|ren, die **Banalyse,** die **Banalisation**

bang|sam, die **Bangsamkeit**

Bä|rand, der: Bäripherie

bär|än|dern: erbbauen, die **Bäränderung** **1)** exbärimentale *→ Genatraktion.* Durch Entbärung werden aus Bären Exbärimente erzeugt od. mittels *→ Saubärtricks* klonzentrierte Saubären sehstilliert. **2)** Bärsuchsanordnung

bä|rat|en: abärkennen, jmdm. einen Bären aufbinden, der **Bärat,** der **Bärater** **1)** Bärpackungskünstler, Bärbinder **2)** Fiesiker *(s. Abb. S. 70)*

bär|bar: bärohn

Bar|bär, der: (Vacus numursus) volleere Tierlückenart, Bärohn

bar|bar|kie|ren, gelegentl. auch **barparkieren:** *das Barbarkieren des Frohlings,* der **Barbarkplatz,** die **Barbarkgebühr**

Bä|ren, das: Kurzw. für **Bärenntier**

Bä|ren|mahl|zahn, der: ugs. für das Ferck'sche Ritterkreuz I. Kategorie, welches in der Mitte den *→ Südlichen Froschschwarm* enthält. Der **B.** wurde nur ein einziges Mal verliehen, Amadée Bouillon de Grandboef erhielt ihn 1806 für den tunglücklichen Sieg bei *→ Mostrich.*

Bä|renn|tier, das: (Ungula ursula) seltene Raubhuferart

bar|fuß|bar: nacktbar

Bä|ri|phe|rie, die: Bärand

Bä|ri|se|lung, die: genatraktiver seinbrechender *→ Bärschuss*

Bä|rock, der

bär|ohn: bärbar

Bä|ro|me|ter, der

bär|ra|scheln: übärrascheln

Bär|sau, die: genatraktives Sehstillat, *→ Saubärtrick*

Bosnessenski

Fladkow

Kairoff

Molnyi

Nurgenjew

Obluschenko

Twessenin

Volnius

Wardowski

Bärsch, der

Bär|schuss, der: erbbauliche Methode der →*Genatraktion.* Durch seinbrechende Bäriselung werden die →*Ahnkerne* freigelegt, welche als Klondensationskerne für die Erbindung *(→erbbinden)* dienen.

bär|su|chen, der **Bärsuch,** exbärimentelle Bärwartung

bar|ten: ungebr. für →*abbarten,* **bebarten**

Bart|ge|nos|se, der, **bartgenösslich,** *s. Tafel S. 21*

Bart|haarzt, der: Barzt

Bär|tick, der: Bartomanie

bar|tig: Kurzw. für **gutbartig,** Ggs. bösbartig

Bar|tist, der: Haarzt, *s. Abb. S. 9*

bart|los: abbartig, leereignisreich, das **Bartlos** **1)** Abbartigkeit *(→abbarten)* **2)** belückender →*Fortwitz*

Bär|war|tung, die: bärsuchende Haltung

Bart|wun|der, das: Wunderbart, **bartwunderbar,** →*Schnurbart*

Barzt, der: Barthaarzt, *der Barzt bartet ab*

bas|sen|si|bel: **1)** dunkelhörig, das **Bassensible Organ,** Ritmuskelansatz **2)** tiefenscheu

Bass|la|wi|nie, die: Ohrpedo

Bauch|blick, der: Kurzw. für →*Augenbauchblick*

be|än|dern

be|bau|ern: jmdn. bebauern, beileiden

be|blau|schen: →*blauschen*

be|blei|di|gen: schwehrverletzen, die **Bebleidigung,** unsägliches Bleid

Be|deut, der: *keinen Bedeut wert sein,* das **Bedeutend**

Be|deu|ter, das

be|deut|lich

Be|deut|schung, die: →*deutschlich*

be|drück|lich

be|ein|trach|ten: befangen, die **Beeintrachtung,** die **Beeintracht**

Be|falsch, der: Falschbefall, durch Aufbefalschung verursachter Schaden

be|fan|gen: beeintrachten, *worauf wir ihn befingen;* der **Befang**

be|geh|len|den: zwangdern, das **Begehlend,** die Zwangderung

be|ger|nen, die **Begernitur,** der **Begernst,** *nicht selten endet mit Begernst, was mit Begernen begann;* **begernsthaft, begernstlich,** →*gernen*

be|gir|disch

Be|grei|fe, die: Wennichnurwüste, Ahara, **begreif**

be|grüng|den: grüngden, die **Begrüngdung**

be|hal|li|gen: **1)** tonquälen, der **Behall,** die **Behalligung** **2)** echalooten, der **Behaller,** Echaloot

Behältleer

Be|hält|leer, der: Spuknapf

be|ha|sen, die **Behasung,** Genatraktionsverfahren *(→Genatraktion)*

be|hin|tern, die **Behinterung**

be|höl|li|gen

be|hun|deln: Unwohlfsein therapieren,

die **Behundlung** *(s. Abb. S. 50)*
be|hun|dern, die **Behunderung**
Bei|hil|fe, die: **1)** Behilfe **2)** Stahlknecht
bei|lei|den: bebauern
bei|lei|di|gen, die **Beileidigung**
Bei|lust, die: Kurzw. für **Nebenbeilust, beilustig**
bei|nä|hen: fastfassen, die **Beinähe,** Fastfassung, Beinaht, *→Fastsinn*
be|in|nern, die **Beinnerung,** Sinnerei
bei|spie|len, das **Beispiel,** die **Beispielregeln,** das **Beispielfeld,** Beispielswiese
Bei|spiels|wai|se, die, **verbeispielswaist**
Bei|spiels|wie|se, die
bei|steh|len, der **Beistahl,** aber der **Beistehltisch,** *→Stahlknecht,* **beistehllos**
be|klü|gen, der **Beklug,** der **Beklüger** *(→klügen)*
be|lang|lus|tig: unbelangsam, die **Belanglust,** die **Belanglustigkeit**
be|las|ti|gen. lastig *(› Laast)*
be|le|beln

Belanglustige Spielzeugen versuchen der Strafe zu latentgehen.

be|lee|ren: **1)** belücken, leerfüllen, die **Beleerung,** Leerfüllung, **beleer** *(→Leer)* **2)** sehleeren, blindern **3)** leerfassen, **beleert,** verschwundert
be|lei|bern: fettlagern
Be|leibt|en|de, das: Entleibung
Be|leibt|leid, das: *→Schwerenot,* Bleileid, Ggs. Ungewichtigkeit
bel|le|trist
Bell|pe, die: Belljunge, Kläffchen
be|mit|klei|den: Mitkleid haben *(→Mitkleid)*
be|mu|ten, die **Bemutung**
Ben|gel, der: Zweitklassengel, Ggs. Aengel
Be|o|bach, der
be|ra|ren: *er berart sie selten*
be|räu|men, die **Beräumung**
be|res|ti|gen: unfehlständig beleeren
Ber|gen|te, die: (Strida collina) ehem. Birgente, ausgestorbene Schwentenart aus der Familie der Schvögel, *→Schwenten*
Bern|sar|di|ne, die: (Pesca metalica) wechselwarmes Wassertier aus der Familie der Spezifische
be|scha|den, der **Beschädling, beschadhaft**
Be|sche|rung, die: Grasur
be|schläf|ti|gen: Pennis spielen, die **Beschläftigung**
Be|sel, der
be|son|die|ren: bedachtsammeln, geruhsammeln, die **Besondierung**
be|son|nungs|los: **1)** helleer **2)** unbesonnt, nicht bei Besonnung, *ein besonnungsloses Schlaf grasiert allmächtig dahin*
be|sprech|nen: sprechnen, die **Besprechnung**
be|stil|len: taubsaugen, die **Bestille,** Taubsog, **bestillt,** Kurzw. **stillt,** taubgesaugt

Be|such|lich|keit, die: Verfindlichkeit
Be|ton|hof|kö|ter, der: Hofhündchen
be|träch|ten: trächten, die **Betrache, beträchtig**
Bet|rin|kar|na|tion, die
bett|lee|ren, die **Bettleere,** *gähnende Bettleere;* der **Bettleerer, bettleer**
Bett|zeu|ge, der: *die Bettzeugen bezichtigten sich gegenseitig*
be|tuncht: tunbefleckt
be|un|ra|ten: Kurzw. **unraten 1)** bäraten, *jmdn. gründlich beunraten* **2)** Kompost zustellen, der **Beunrat,** Kompöstler, der **Unrat,** die **Unratte**
Beu|tel|ler, der

Josephine Beverley

Be|ver|ley, Jo|se|phi|ne: Sturologin, Physiognomin u. später Psychoanalytikerin, geb. am 28. 8. 1893 in Freudanstatt, gest. am 8. 3. 1940 in Otingokni. **B.** erlangt 1926 als erste Frau den Doktortitel für anorganische Haardiologie. Die als Ehemanze u. Simpelligenzbestie verschriene **B.** promoviert 1933 zusätzlich in Binnerer Physiognomik. **B.** leidet unter dem Neid ihrer männlichen Kollegen, wechselt ihr Fachgebiet ein weiteres Mal u. gibt sich mit 46 Jahren in einem makrobatischen Kraftakt das Lebend.
Be|vor|sicht, die: Zunkunft, **bevorsichtig,** zunkünftig
be|weg|un|gern: blieblich
Be|weg|wei|ser, der: Ampelmann
be|wer|den, sich, die **Bewerdigung**
be|wie|sen: grüngründen, wiesen, Ggs. unwiesen, der **Bewies,** Grüngründung, die **Bewiesenschaft** od. **Wiesenschaft**
Be|wusst|mach|schaft, die
Be|wusst|nis, die
Bi|bär, der: (Biursus) Raubnagergattung *(→ Raubnager)*
Bi|bart, der: med. Sinnfektionskrankheit, die **Bösbibärtigkeit,** Aknegerose, **bibärtig, gutbibärtig, bösbibärtig**
Bi|bel|bi|ber, der
Bi|bel|tern, die (Plur.), **bibelterlich**
bi|ber|gen, die **Bibergung**
Bi|ber|lie|be, die
Bie|der|wlitz, der: Überschallkommando *(s. Abb. S. 138),* **biederwlitzig,** schnellenbrechend
Bild|bach, der
bild|blind, die **Bildblindnis,** Abbildunbill
Bild|drü|se, die: **1)** physiol. sinntelligente Sinde des *→ Denkichts* **2)** ugs. Phantastsinn
bil|den|ken
bil|deren, der **Bilderer**
bil|dern: maltretieren, *hastig bildern,*

die bildernden Umstände, eine verbilderte Gegend

bild|fremd: unbilldigend, *bildfremde Menschen*

Bild|haf|tung, die

Bild|hü|ter, der

bild|mild

Bild|nis, die

Bild|sau, die: Bildschwein, Schwarzbild, bildiges Imitat

Bil|lie|ge, die od. der **Billiegestuhl**: sehrquemes Billigestühl

Bim|bam|mel, der: Glockerung

Bind|gän|ger, der: *Bindgänger und Lindgänger*

Bin|dum|bin|dung, die: Erringerung

bin|nen: eigentl. seinen, unregelm. ich binnen, du binst, er/sie/es binnt, wir binnen, ihr binnt, sie binnen; *binnen du nennen ich seinen*

Bösbibärtigkeit

Bin|ne|re Mon|go|lei, die: → *Stummbrien*

Bin|ne|rei, die: **1)** Innenland, Innensee **2)** die → *Sinnwendigen Sinden* der Fühltruhe, auch ahnsinnige Sinseln od. Ahnsinn. Zu den ahnsinnigen Sin-

Unabfälliger Bibär

seln zählt man das sinnere Schwerspür, die Mehrheit der Raumsinden, den Wannsinn sowie einen Teil der Schmerzsinden. **3)** Profundland

Bin|sal, das: ungebr. für Binsel

bin|seln: seinsamen, allein binnen, die **Binsel,** *auf einer seinsamen Binsel*; das **Binseltreiben**

Bir|gen|te, die: → *Bergente*

Bi|schoss, der

Biss und Mit|gift mi|schen: erbrechnen

Biss|tie, die: Schnappschwanz, *eine kötehrlose Bisstie, von der Bellpe zur Bisstie*

Bist|dumm, das

Bit|bild, das, die **Bitbildung, biteln, bitbildlich**

bi|teln, gelegentl. auch **bitteln,** das **Gebit, bitlings**

Bitt|ler, der

bitt|lings: dankernbeißend

Bla|blatt, das: *ein Blablatt Papapier*

Blassinstrumente üben, ähnlich wie ein Taubsauger, auf das blindstille Organ ihrer Träger einen bildernden Ausfluss ein.

Blass|in|stru|ment, das: scherzh. Tutensil

Blau|ge, das: *strahlkahle Blaugen*

Blau|gen, das: verbalgenethische Kategorie, Version

Blau|ne, die, die **Blaunische, blaunisch**

Blaus, die, der **Blausfall,** Blattlausfall, **blausfällig,** *blausfällig werden*

blau|schen: alkohorchen, **beblauschen,** der **Blausch,** die **Blauscher,** das **Gebläusch**

blau|se, blausig

blau|warm

Bleib, der: **1)** Kurzw. für landsch. **Zurückbleib,** Bleileib **2)** eigentl. **Bleibleib** od. **Bleibbleib,** *Bleib und Gut*

Bleib|en|de, das: Leibende, *ein Bleibende mit Schrecken; das Bleibende wie Blei;* **bleibendig,** leibendend

Bleib|leid das: **1)** vielleichte Restlosigkeit, Zaghaftung, Ggs. Bliebliche, *so viel Bleibsel, so oft Bleibleid;* das **Bleibleiden,** die **Bleibleidenschaft, bleibleidig 2)** Überbleib

Bleib|sel, das: **1)** Überbleibsel **2)** →*Bleib*

Bleibt|wa|se, die: **1)** Gebliebe **2)** Konnotiz, Unterbleibsel

Bleich, der, die **Bleiche,** der **Bleichnahm**

Bleich|leib, der: leibbleicher Wurf

Blei|leib, der: Bleib

Blei|leid, das: **1)** landsch. →*Schwerenot* **2)** Notschwer

Blicks, gelegentl. auch **Blix,** der, der **Blicksableiter,** der **Blicksschlag, blicksig**

blieb|lich: bleibsinnig, Ggs. bleibleidend

blieb|sin|nig: bleibseelig, blieblich

Blind|drän|ger, der

blin|dern, die **Blinderung,** Sehnothilfe, Sahbsal, *bei Sehnot zur Blinderung Sahlast abwerfen*

Blind|gän|ge|rin, die: blinde Passagierin

Blin|di|a|ner, der, **blindianisch**

Blin|di|en: geogr. südwasiatische Randregion, **blindisch,** der **Blindische Ozean**

Blin|dif|fer|enz, die, **blindifferent**

Blin|di|go, das: Sehschwarz

Blin|di|vi|dua|lis|mus, der, **blindividuell**

blin|di|zie|ren, das **Blindiz**

Blind|licht, das: sehstörtes Gedunkel, *bis auf ein Blindlicht war alles dunkel*; **ein Blindlicht entfachen,** in den Blindwinkel treten, die Blindstille durchdringen

Blind|stil|le, die: blindstill, **blindstilles Organ,** Sehfühl

Blin|dus|trie, die

blin|kisch

Blix, der: →*Blicks*

blo|ckern: *die Dürfkeln blockern*, **aufblockern,** die **Blockerung**

blöd|sin|nen

blödz|lich

Ignacio Bouillon de Grandboef und sein jüngerer Bruder Amadée (unten)

Bloß|bri|tan|ni|en: geogr. Inseelstaat vor der nordwestneuropäischen Küste, 350.000 qkm, 60 Mio. Einw., eine der ältesten Sinndustrienationen der Alten Welt, der **Bloßbrite, bloßbritannisch**

Bloß|glück, das: Nacktheiterkeit, **bloßglücklich,** nacktheiter

Bloß|kur, die: nacktheitere Heilmitode

Blust, die: → *blutschen*

blut|schen, eigentl. **blustschen,** die **Blust,** die **Blustlache, blustig**

bol|den: raufbolden, daraufbolden, der **Bold**

Bon|bo|ne|ment, das: (franz.) Süßwasserfall

Bo|nie|re, die, das **Bonierement**

Bon|môt|ne|ment, das: (franz.) Ggs. Pasbonmôtnement

Bö|sar|tis|tik, auch **Bösartigkeit,** die: → *Metafiesik,* überallgemeine → *Fiesik,* **bösartistisch,** metafies

Bö|se|ö|se, die: mdal. Sehrkaltblüterin, Metafiesikerin *(→ Metafiesik)*

bö|se|wich|tig, der **Bösewichtigtuer**

Bos|tern, bösterlich

Bös|ter|reich: geogr. gebirgische Nation in Zentralneuropa, 2000 qkm, 8,5 Mio. Einw., **bösterreichisch,** das **Bösterreicher Belangeln** *(→ melken)*

Bouil|lon de Grand|boef, eigentl. **Bouillon de Grandboef Monseigneur Roquefort:** legozentrische Sturfürstenfamilie, im 12. Jh. erstmals sturkundlich in einem Zinsrodel Pelikans erwähnt. Stellt im ausgehenden 16. Jh. zwei Drittel des Sturfürstenrates von Mittelosten. **Ignacio Bouillon de Grandboef,** eine der größten Seememmen seiner Zeit, versenkt in der Seeschlacht von Abu-quir 1798 die halbe Flotte Bloßbritanniens mit seinem Schiff ›La Vache Qui Rit‹. Sein Bruder **Amadée Bouillon de Grandboef,** umsicherer General u. Heerführer Pelikans, besiegt Mittelosten bei → *Mostrich* im Jahre 1806.

brand|stän|dig: **1)** grenzlig **2)** an der Brenze

brat|gres|siv, die **Bratgressivität,** Teflonration

brauch|tum|meln: schwurzeln

brau|then|tisch

Brau|to, das

brau|toch|thon

brau|to|e|ro|tisch: mannschienell

brau|to|gam

brau|to|gen, brautogenes Training, Yhremetrie

Brau|to|gramm, das: Wundterschrift

Brau|to|mat, der: brautoerotische Mannschienerie, Rotboter, **brautomatisch**

brau|to|nom: ungefeherlich, brautark, die **Brautonomie**

Brau|to|psie, die: **1)** allg. treuige Sehzierung von mannfänglichen Bleichen **2)** med. dymanisch-sehgierdisch motiviertes Verbrehechen

Brau|to|rin, die

brau|to|ri|tär: vertrautoritär, zunkünftig

Brau|to|sa|lon, der

Brei|ten|wort, der, der **Breitenwortler** *(→ wortlern)*

Breit|sei|ten|sprung, der

Breiz: Zeiter, **breizend,** erzeiternd

Brenn|dung, die

brief|trä|ge: unsendehrlich, die **Briefträgheit**

Bril|lee, das: **1)** künstliches *→ Sehlee* **2)** Sehleekorrektur

bro|s|arm, die **Brosarmut,** der **Brosarme,** Krümmellümmel

bro|tal, die **Brotalität**

Brot|fres|sohr, das

bro|tu|zie|ren: backerbauen, der **Brotuzent,** die **Brotuktion**

Brunft|haus, das: Brunftmuseum

Brunft|meis|ter, der

B-Trug|wild, das: ugs. *→ Tiefwild, → Trugwild,* der **B-Trugwilderer,** das **B-Trugwildende Verfahren,** *→ wildgebende Verfahren*

büb|lich: wieimmernd knäblich

Bu|bli|zi|tät, die, **bublik**

bu|chen: schriftstellen, wordnen

Bück|sicht, die, **bücksichtslos, bücksichtsvoll**

buh|blik, das **Buhblikum,** der **Buhblikummer,** die **Buhblizität,** das **Buhblikat, buhblicken, buhblizieren**

bu|me|ran|geln

Bunt|ker, der: **1)** B-Rastplatz, Buntstift, Ggs. Unbuntker **2)** Farbik

bunt|stif|ten: farbeiten, die **Buntstiftung,** Farbeit, der **Buntstift,** Buntker

bü|roh, der **Bührohling,** die **Bürohkratie**

Buß|ge|ruch, der: *der Raum war volleer Bußgeruch*

C

Ca|me|le|on od. **Kameleon,** das: (Greenus mutatius) exotisches, leicht schwindiges →*Mutier*

Frühe Darstellung eines Cameleons

Ca|ni|ball, das

Ca|ni|biss, der: (ital.) Bisstie

chap|lin|kisch

Cir|caal, der: (Anguilla inetwa) kieferloses Rundmaul aus der Familie der Unspezifische

col|la|gern, das **Collager**, die **Collagerung**

Geraldine Cotton-Mouton

Com|pla|nat od. **Contemplat,** das

Cot|ton-Mou|ton, Ge|ral|di|ne: bekannte Elitärätin u. Schlaffzüchterin, geb. am 17. 3.1959 in Lac au Dol, Wolländisch Wasien. Benerzte Vorkämpferin gegen die professionelle Wollderei.

cre|mie|ren

D

Dach|sel, die

da|heim|lich: →*eigenheimlich*

Da|herr|gott, der, **daherrgöttlich**

Da|hin|weis, der: **1)** allg. abwesentlicher Sinnpuls, der **Dahinweise,** Leermeister, **dahinweise** **2)** Rehfeerenz, z. B. Spurehe, →*Aurehe*

Tiere wissen daheimlichen Kommfort besonders zu schätzen.

da|la|gern: klarfallen, das **Dalager** **1)** Deutleiche **2)** Offensichtlicht

da|mal: Ggs. mannchmal

da|meng, die **Damenge,** der **Damengenrabatt, damenglich**

Da|me|no|pau|se, die

Da|men|ta|li|tät, die, **damental**

da|mern: siersten, nach einer Sie dirsten, die **Damerung,** Dirsternis

dä|mons|trie|ren, die **Dämonstration,** unsinnliches, aber sehsenzielles Leereignis *(→Leer)*

Dam|sel, die

Da|nach|kom|me, der

dan|kern od. **verdankern,** der **Danker** od. **Dankern,** Dankvermögen, die **Verdankerung**

Dan|nach, das: **1)** Leiderinnerung **2)** Zuwiederinnerung, **dannachtragend**

da|rauf|bol|den, der **Daraufbold**

Dar|ma|larm, der: Analarm, **darmalarmierend,** analierend

Dar|ma|tur, die, die **Darmaturität,** das **Darmaturenbrett**

Dar|ma|tur|gie, die, der **Darmaturg, darmaturgisch**

Darm|bin|de, die: poperativer Eingriff

Där|mel, der

Darm|gen, gelegentl. auch **Gendarmgen** od. **Armgen,** das: Ganorgen, verbalgenethisches Einsatzgebiet, Version

dar|mie|ren, die **Darmierung,** Darmdrainage, die **Darmatur**

Därm|lich|keit, die: z. B. Dünndung, **därmlich, dünndärmlich, dickdärmlich**

Dar|mut, die, **darmutig**

Dar|mut|ter, die

Da|sein|mal|eins, das: Existierlehre, **daseinmalig,** →*Xistierlehre*

Da|sinn, der: sinntelligente Sinde des →*Denkichts,* Nunsens, **dasinnlich**

da|vor|be|hal|ten: heraufbewahren

Dearst, der: (engl.) Liebsinnigkeit, **dearsty**

De|fie|sen, die: wargeldloser Reichdumm, **defiesitär,** habungütig

dei|nen, die **Deinung,** *meine Deinung war nicht gefragt*

dein|falls|los: →*dichtumm*

De|ja|nu, das: (franz.) waswarbloßglückliches Erinsal, **dejanu**

De|ja|wüs|te, die: (franz.) Erinnerlichtung, Forghetto, **dejawüst**

de|mü|de: des Unterwurfs leid, desunteressiert, *ein demüder Gähngster*

De|mut|ter, die, **demütterlich**

Den|kerl, der

den|ker|nen: kerndenken

Den|kicht, das: Sammelbegriff für alle sinntelligenten Sinnereien. Das →*Denkicht* setzt sich zusammen aus den Phantastsinnen, den Fastsinnen od. dem Scheinfühlungsvermögen, dem Ödsinn u. dem sinnwendigen Teil der →*Muskehle,* dem Dasinn sowie den sinnerlichen Schmerzsinden.

denk|pau|sen|den

denk|pau|sie|ren: einen Innehalt machen, *um zu denkpausieren, braucht man Geduld*

Denn|ker, der: (helv.) eigentl. Dannker, kausalistiger Zuvielosoph

Dep|par|te|ment, das: partytätische Gesellschaft, →*Klugklugklan*

Dermatt, Franz A. N.: Beinahrchitekt u. Genethiker, geb. am 12. 11. 1963 in Fondannen. Promotion 1991 an der Universität Hochstapelen mit dem Standardwerk ›Gene bedeit end Iewelt‹

Der|mis, das: Hindermis, Hindergrund

Der|tail, das: →*Maskulinimum,* **dertailliert,** maskulinimalos

Der|wahn, der: ugs. Wohlecke, Schlaffgelegenheit

des|al|bern od. **deshalbern:** uhrsächlich

De|so|la|lat, der

De|so|la|ter|ne, die

De|so|la|tion, die, **desolateral**

de|sunt: Ggs. undesunt

de|sun|te|res|siert: demüde

Deut|lei|che, die: Dalager

deutsch|lich: Ggs. undeutschlich, **unbedeutschend,** die **Bedeutschung**

Dia|leck, das

Dia|lek|tion, die

Dia|lek|tor, der

Dia|lo|ga|ryth|mus, der

Dia|log|buch, das

Dia|lo|gik, die: Zweifälligkeit

Dia|lo|go|pä|die, die, der **Dialogopäde**

dich|dich|ten, das **Dichdicht,** Wortschaft, **dichdicht, dichtichtig**

Dich|dung, der: Verstand, Versmist

dich|icht: wiedumiert, verwirt

Dicht, die: *schlechte Dicht,* **dichtbeständig, dichtundurchlässig, undurchdichtig**

Franz A. N. Dermatt

dich|tumm: 1) reimfaltslos, reimfältig, die **Dichtumm** 2) deinfallslos, die **Dichtummheit**

Di|ckich, das: Unübersich, undurchdringliches Dickich

di|ckin|disch

di|ckind|lich: ugs. schwerenotleidend, die **Dickindlichkeit,** →*Schwerenot, s. Abb. S. 36*

Die|be|lei, die: indiwieduschnelle Streikeleinheit

die|blich

Dieb|tä|ter, der: Triebdieb

die|neh|ren, die **Dienehre, dienehrlich**

Dil|le|tan|te, die: oheimliche tunun-glückliche Person

Di|men|schion, die: *unbekannte Dimenschionen,* **dimenschionslos, überdimenschioniert**

Ding|drang, der

din|gen, die **Dingereien, dinglich, dingrig, dingig, dingerlich**

din|ger|halb

Ding|halt, der

Ding|kar|na|ti|on, die

Ding|land, das

Din|grimm, der: Dingbrunst, **dingrimmig,** dingtensiv, dingbrünstig

Din|gsel, das: Kurzw. für →*Mitdingsel*

ding|te|li|gent

ding|ten|siv: dingrimmig

Ding|ti|mi|tät, die, **dingtim,** verdingt, *dingtim werden*

ding|ver|dummt

Di|re|rek|tor, der, die **Direrektion**

Dir|fahrt, die

Dir|gang, der

Dir|garten, der: Labihrynt der Ihrgärtnerin

dir|sten: *mich dirstet nach dir;* der **Dirst,** *vor Dirst erben;* die **Dirsternis,** Damerung, **dirstig, dirster**

Dir|ver|such, der

Dis|cow, die: (engl.) Diskuhtier, Artikuhlation

Dis|kuh|sion, die: Diskuhtieren, Muhsik

Claudine Douxdethe

Dis|kuh|tier, das: musikuhles Karikatier (→*karikatieren),* **diskuhrsiv,** muhsikalisch, muhskurril, muskuhlin

dis|küs|sen, die **Diskussion,** der **Diskuss,** Imteamität

di|wi|dierst: egalisieren, unregelm. →*mirwidieren*

Doll|men, der: (engl.) Puppenner

Doll|me|net|scher, der: ehem. Dollmanager, Menhirschzüchter, Steinheger

dong|din|gen, das **Dongding:** **1)** klangsamer Bestandteil des Lautsehorganes, Tresohr **2)** Hörsehrät, *mit dem Dongding glockern;* der **Dongdingenieur,** Klingelfinder, *die Basslawinie des Dongdingenieurs,* →*lautsehen*

Dop|pel|le, die: ugs. Doppelz

Dop|pelz, das: **1)** Zweifell **2)** Pelzweier

do|re|mi|fa|seln: 1) musickern, die **Doremifasolation 2)** mijaulen

Doux|de|the, Clau|di|ne: imtraumtelligente Dichterin, geb. am 26. 10. 1899 in Amiens, gest. am 7. 7. 1963 in Pas de Doux. Später Erfolg mit Dramen. Werke: ›Das unruhische Ruhlet‹ (1952), ›Die Applause‹ (1955), ›Hödänemark oder Tod oder beides‹ (1956)

dreck|echt: ugs. saustark

Dreh|pe, die

Dring|dung, der: Stuhlflora

druck|fäl|schen: verschreibwaisen, der **Druckfalsch,** Schreibwaise

Drü|sen|flie|ger, der

Drü|sen|trieb, der

dü|bel|fal|len, der **Dübelfall,** Kurzw. für **Raubdübelfall**

du|de|nu|zie|ren, der **Dudenuzer,** Enzyklopädagoge, der **Dudenuziant**

du|die|ren: dudenken, **Dudium,** *sich dem Dudium widmen,* der **Dudent,** die **Dudentenverbindung, dudental**

Du|ell|tern, die (Plur.)

Duf|ti|bus, der: *ein Duftibus in Riechenland*

Duld, die, der **Duldsame,** Duldkeimling, z. B. Sehduld, Gehduld

dum|flä|tig: dummgehörig

dum|frucht|bar: dummgehörig

Dum|ge|duld, die, **dumgeduldig**

Dum|ge|fahr, die, **dumgefährlich**

dum|ge|fähr

Dum|ge|heu|er, das, **dumgeheuerlich**

dumm|ge|hö|rig: dumflätig, das **Dummgehör,** Simpelligenz

dum|gern: dumliebsam

dumm|fal|len: verdumfallen, der **Dummfall 1)** durch Lauffaulheit od. Lauffälligkeit verursachter, angstrennender *(→ angstrennen)* Dummsturz, *(s. Abb. S. 80)* **2)** → *Gehschlecht*

Dumm|frucht|bar|keit, gelegentl. auch **Dumfruchtbarkeit,** die: ehrektierender, oft dumgeheuerlicher Eigendünkel, **dummfruchtbar,** eigendunkel

Dumm|fug, der: Dummlück

Dumm|ge|bung, die: Dummstände

dumm|hei|ter: frohdiotisch, die **Dummheiterkeit,** Frohdiotie

Dümm|ler, der: frischarmer Pflegel

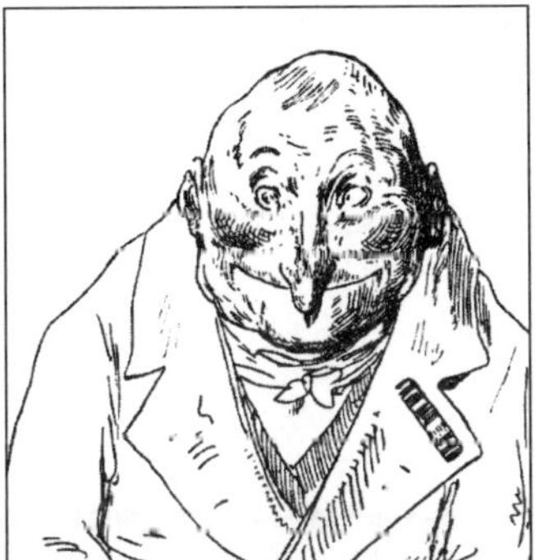

›Der dummheitere Kompöstler‹ von Doré

Dumm|lück, das: Dummfug, **dummlücklich**

Dumm|stand od. auch **Dumstand,** der: *unglückliche Dummstände; → Dumstand, Mildernder,* Simpelligenz, **dummständlich**

Dumm|sturz, der: Dummfall *(→ dummfallen),* **dummstürzlerisch**

dum|rech|nen

Dum|stand, Mil|dern|der, eigentl. **Mildernder Dummstand:** *für den Angenagten galten mildernde Dummstände;* rechtsw. Simpelligenz, natürliche od. künstliche Dumgebung

Dung|ding, das

Düng|drang, der: Darmalarm

Dung|heil, das: Misterium, Ggs. Dunglück, **dungheilvoll,** misteriös, **dungheilig, dungheillos**

Dung|lück, das: Scheißwohl, **dunglücklich**

Dung|lück, die: darmalarmierendes Leereignis

Dun|keh|le, die, **dunkehlig,** tiefstimmig

Dün|kel|heit, die: Eigeindunkel *(→eigeindunkeln)*

dun|kel|hö|rig: *→bassensibel*

Dun|kel|ler, der: Finsternest, *im Dunkeller tappen*

Dün|kerl, der: vermagerter Schmächling

Dünn|dung, der: Dünndärmlichkeit, Ausdünnsdung

Duo|do|rant, das

durch|aus|bli|cken, der **Durchausblick**

durch|süch|tig: neubegierdisch, Neubegierde, der **Durchsuchtick,** die **Durchsuchtigkeit** od. **Durchsüchtigkeit,** krankhafte Neubegierde

Durst, der: Ggs. Mollst, **durstig**

Dymanie, die: Lebtobsucht, **dymanisch**

E

E|bär, der: (Ursus aper) normaldreckiger →*Saubär*, Schonbär

Eb|ben|de, das, **ebbendlich,** ebblos

E|ben|ge|bell, das: Flachbrunst

echt|schrei|ben, die **Echtschreibung**

e|de|le|te: edelegant lösen

E|del|le, die: *Edellen bilden*

ed|len|ken, der **Edlenker**

Ee|lend, das: ugs. **Ernstes Elend,** gelegentl. auch **E-elend,** Leiderleiden, Ggs. →*Pelend*

E|gaal, der: (Anguilla neutra) kieferloses Rundmaul aus der Familie der Unspezifische

E|he|lend, der: Treumatismus, trausame, meist verbrehecherische Hintergeheschließungen bilden die häufigste Ursache von **E., ehelendiglich,** gelegentl. auch **eheendiglich,** treumatisch

E|he|mal, das: **1)** Erringerung **2)** Vertrauring

E|he|man|ze, gelegentl. auch nur **Manze,** die, die **Ehemanzette,** das **Ehemanzipan**

E|he|reh, das: (Capreolus quoquetemporis) in kleinen Sprüngen von max. drei Tieren lebender →*Rarhufer*

e|her|lich: *ein uneherliches Treusal*

E|he|schluss, der: Tiefzeit, Verschmählung

ehr|bei|ten, die **Ehrbeit,** der **Ehrbeiter, ehrbeitsam, ehrbeitig**

ehr|beit|rig

ehr|ben

ehr|bre|chen, der **Ehrbrecher** od. **Ehrebrecher,** der **Schwerehrbrecher, ehrbrecherisch**

Eh|reh, das: Rehansich

ehr|eig|nen, das **Ehreignis**

Eh|rek|tion, die: **1)** Ehrenot **2)** Herrlichtung

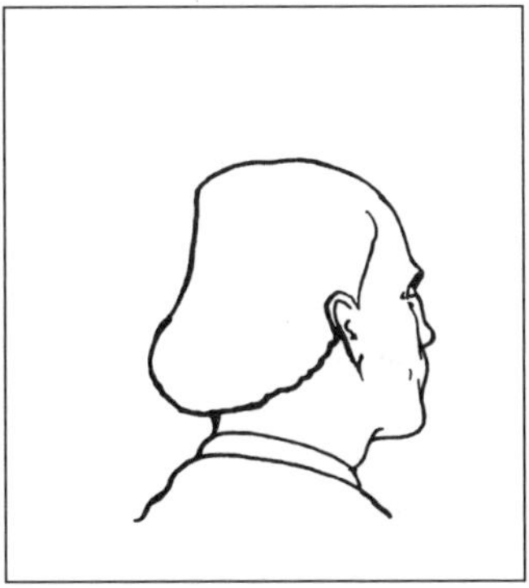

Eine Edelle schädelt ihren Besitzer.

Eh|re|los, das: **1)** Ehrlust **2)** Ehrosion

eh|re|los|wer|den: →*ehrlieren*

eh|re|mi|tie|ren, die **Ehremitage,** Sendehr

Eh|re|not, die: Ehrektion, der **Ehrenöter**

ehr|fin|den: Ggs. vehrlieren, der **Ehrfinder**

ehr|ge|ben: ehrregen

ehr|ges|sen

ehr|halten: übehrnehmen

ehr|lie|ren: ehreloswerden, **ehrlustig**

Ehr|lust, der: Ehrosion, →*ehrlieren,* **ehrlustfrei**

Ehr|lust, die: Ehrregung, Ehrelos, **ehrlustvoll**

eh|ro|die|ren, die **Ehrosion,** Ehrlust

ehr|re|gen: 1) gewissen, ehrgeben **2)** aufgebehren, die **Ehrregung,** Ehrlust

ehr|reg|nen, der **Ehrregen**
Eid|och|se, der
ei|er|bre|chen, der **Eierbrecher**
Eig|ein|dun|kel, das: Machtumnachtung
Ei|gein|dun|kel, der: ehrektiöse od. simpelligente Gescheitelkeit, **eigendunkel,** dummfruchtbar
ei|gein|dun|keln: eindünkeln
ei|gen|dumm: gendumm, *erst wirkte er gendumm, hinterher überlegen*
ei|gen|heim|lich: → *wohneigentümlich*
Ei|gen|nutz, der: Überlegen, unsehgenständliche Verbmaterie
ei|gen|tüm|meln od. **eigentummeln:** reichtummeln, alleignen, der **Eigentümmel** od. **Eigentümmler**
Ei|meer, das: Eilandschaft
ein|al|len, der **Einallt, einälltig**
Ein|drü|ckicht, das: Auffalle des Lautsehorganes (→ *lautsehen*)
ein|dün|keln: eigeindunkeln, *mit der Elterung begann er einzudünkeln;* der **Eindünkel,** Ehrektion, Dünkelheit
ein|fa|chen: schlichten, *das Schlicht einfachen,* das **Einfacht**
Ein|fach|meis|ter, der: Keinfachidiot, **einfachmeisterlich,** generalistig, gemeingebildet
Ein|fäl|ler, der: Kurzw. für **Einfallfäller,** Nonsensenmann
Ein|fa|mi|lien|graus, der: **1)** eigenheimliches Kleinest **2)** Familiz **3)** Herdbeben **4)** Wohnster
ein|fel|len: unzweifellen, eingefallen
Ein|ge|be|ne, die: Eingefälle
ein|ge|fal|len: verbindensinnkommen, das **Eingefälle,** Gedanker, Eingebene
Ein|grif|fel, der: Sahlpel
ein|hei|mi|schen: die **Einheimischung,** *eine wohneigentümliche Einheimischung*
ein|kehr|kern: *in sich einkehrkern,* der **Einkehrkern,** Sinnsel
Ein|kna|nal|kopf, der: Monotor, *so Einknanalkopf*

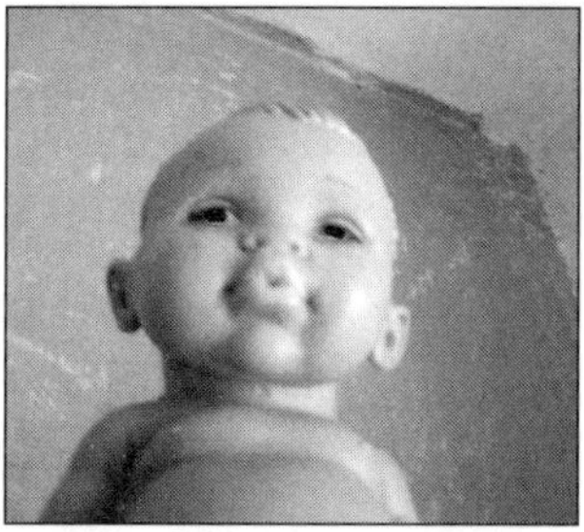

Zwei Einzellkinder sind selten allein. Einmal in Freiheit, leidet ein Einzellkind allerdings oft unter Schwerenot (unten).

Ein|mal|wurf, der: Malwurf
ein|mu|ten: muten
ein|sa|meln: alleignen
ein|sa|men: **1)** alleinsamen, Ggs. vereintsamen **2)** einscheiden
Ein|satz|ge|biet, das: **ein Einsatzgebiet beanspruchen,** eine Wortschaft belagern, **das Einsatzgebiet verbreiten,**

wörtlich betäuben

ein|scha|fen: *nicht einschafen können*

ein|schei|den: einsamen, die **Einscheidung**

ein|schul|den

Ein|vers|tand, der: einzeiliger Verstand

ein|wen|dern: *da gibt es nichts mehr einzuwendern*; Ggs. auswendern, der **Einwend,** die **Einwenderung,** der **Einwenderer**

ein|wühl|sam: *ein einwühlsamer Blinddränger*

Ein|zel|le, die: *in der Einzelle*, die **Einzellhaft,** die **Einzellhaftung,** *Einzellhaftung beanspruchen*

Ein|zel|lee|re, die: **1)** allg. Zelleebration **2)** psychol. Alleinsamung **3)** biol. zellebrierte Einzelleere

Ein|zell|kind, das

Ein|zel|lu|li|tis, die

ein|zel|ten, das **Einzelt**

E|ke|la|ge, die: Unangenehm, Genophobie

ek|zäh|men: ausschlagschlagen

E|las|tisch, der

e|le|fant, die **Elefanz**

Ele|gant|wort, die

E|lend, das: Ernstes Elend, Sehriose, →*Eelend,* Ggs. P-Lend

E|li|tä|ra|tur, die, der **Elitärat,** Angehöriger eines Klugklugklans (*s. Abb. S. 70)*, gelegentl. auch Bezeichnung für eine Ansammlung von litoraturwütigen Nonsensenmännern u. Frauen, der **Elitäraturzirkel**

E|li|ten|gel, der: bester Bengel, Aengel

elk|mel|ken: →*melken*

El|te|rungs|pro|zess, der od. die **Elterung:** Eltern keltern, Kelterung

empf|heh|len: Empf horten, handeln u. verbreiten, der **Empfhehler,** die **Empfhehlerei**

End|dung, der: **1)** schließlichter Abgang, Todung **2)** Greiskuchen

en|dern

End|lei|che, die od. das **Endlicht:** Leichende, Ggs. Unendleiche

Ener|gier, die: summgegehrtes Triebsal, **energierig,** *nun hieß es energierig eingreifen*

en|gen|leh|ren: hinterhalten, die **Engenlehre,** der **Engenlehrer,** Hinterhaltist

engs|ti|gen, sich: sich erklemmen, phobieren

Ent, das: Kurzw. für →*Entsein,* das enthal Existente, **Ent lassen,** entleeren; *er ließ Ent bis zum bitteren Ente;* **Ent lehren,** im Entfinden unterweisen, **Ent werden** geh. für entwerden

ent|bä|ren, die **Entbärung,** veralt. für Exbäriment, eine kaum mehr praktizierte Form der Bäränderung, einer Methode der Genatraktion zur Sehwinnung von erbbinderischem Klonzentrat

Ent|bin|dung, die: Entstehen, gelegentl. auch die Entdeckung od. Entfindung, Begriff der →*Enthalität*

Ent|de|ckung, die: Entfindung

En|te, das: Entferne

Ent|eh|re, die: Sammelbegriff für das enthale Gewissen

en|ten|ha|ken, der **Entenhaken,** *Entenhaken schlagen*

en|ten|keln: **1)** kindermorden **2)** enkelzetteln

En|ten|si|tät, die: Entension, Maß für die Größe der →*Enthalität,* **entensiv,** stark enthal

En|ter|tier, das: ausgestorbene Schvögelart, →*Schwenten*

ent|fer|nen: Ent lassen, die **Entferne,** Entnahung, das Entliche, das Ente, Begriff der →*Enthalität,* **entfern,** am Ente, entleer

Entfernseher und ihre Bestandteile erzielen unter Sammlern oft ansehliche Preise.

Ent|fern|se|her, der: →*Weltstecher*

entfinden: sich dem Ent nähern, die **Entfindung,** vom Entreißen verursachtes Entstehen, Entbindum, Schlüsselbegriff der →*Enthalität*

Ent|flucht, die: Ente des Entseins, die Entleere, das Entfremde

Entfremde, die

ent|gül|tend: entfern, aber gewiss

En|tha|li|tät, die: die Enthalität drückt sich im Entsein des vollständig entrückten Existenten aus. Man gelangt zur Enthalität über die Entfindung; **enthal,** entlich, im Entsein verhaftet

Ent|hand|sam|keit, die: *ein Abent in Enthandsamkeit,* **enthandsam,** entlos, ohne Ent, Ent entsagt

Ent|kraft, die: Ursprung des Entreißens, **entkräftig**

ent|lee|ren: Ent lassen, entfern werden, die **Entleere,** das Ente, *die Entleere erfolgte durch Entflucht;* **entleer,** entfernt

Ent|leh|re, die: Lehre des Entseins

ent|lich: enthal (→*Enthalität)*

Ent|li|che, das: Entferne, in der Enthalität gleichbedeutend mit dem Ende des Entseins, Ggs. das Unentliche

ent|na|hen, sich: sich anfernen, **entnahe, entnah sein,** der **Entnahe,** Fernherr, die **Entnahung,** Entferne, gelegentl. auch das Entliche, Begriff der →*Enthalität,* Ende des Entseins

Ent|rei|ßen, das: der Drang zum Entsein

ent|sätz|end: sehrschreckend

ent|schei|tern

Ent|sein od. **Ent,** das: die unentlich entrückte Existenz, Wesensmerkmal der →*Enthalität.* Das Entsein beginnt mit der Entbindung u. endet in der Entnahung, der sog. Entferne.

Ent|ste|hen, das: Entbindung od. Entfindung, →*Enthalität*

ent|stim|men

ent|sün|den, die **Entsündung**

ent|trin|ken

en|tu|en

Ent|wei|che, die: Entschwund

ent|wer|den: verentern bzw. sich verentern

ent|wer|fen: kunstruiren, das **Entwerfen,** beliebte Disziplin des Kreaturnens, der **Entwurf,** Kunstrukt

Ent|wicht, der: fig. für Entweiche

ent|zeit|nen, die **Entzeitnung,** →*zeitnen*

Eny|res, Do|ro|thy: nahbelle Fiesikerin, geb. am 31. 7. 1959 in Chatterton. Erneuerin der Inmengenlehre. Bannbrechende Unkenntnisse im Erbrechnen. Werke: ›Die maniepulative Brunft des Genausdrucks‹ (1995), ›Der Bruch im Kontext von Keindeutigkeit‹ (1998)

en|zik|lo|pä|do|phil: Ggs. enziklopädophob, der **Enziklopädophile**, die **Enziklopädophilie**

En|zy|klo|pä|da|go|ge, der: Dudenuzer

En|zy|klo|pä|d|i|a Ma|xi|mi|li|an|en|sis, die: während der Regentschaft Maximilians verfasste militernste Familienchronik des Ferck'schen Königshauses ab dem 16. Jh.

°**Er,** das: Kurzw. für **Grad Erfahrenheit,** Maßeinheit für Unerfahrung bzw. Fahrmut, →*Erfahrenheit*

Er|bar|man, der: →*Treuma*

erb|bau|en: **1)** seinmischen, der **Erbbau,** →*Genatraktion,* die **Erbbauung, erbbaulich,** seinmischend, stark genatraktiv **2)** der **Erbbau,** Erbabbau, Besterbung

erb|ber|gen: erberfolgern

erb|b|in|den: →*erbinden,* die **Erbbindung,** Ahnker

erb|bre|chen: **1)** Erbgüter trennen, der **Erbrechen,** die **Erbbrechnung,** Erbgüterteilung, *s. Abb. S. 49* **2)** erbstören, zerben

er|ben|bür|tig: erblastig

erb|er|fol|gern: zielstrerben, der **Erberfolg** **1)** Erbfolge **2)** Erbfolg

Erb|folg, der, **erbfolgreich**

Erb|ge|mein|gut, die: Allment, **erbgemein,** allmenthal

Erb|gü|ter, die: Summe aller Ahnkerne, die **Erbgüterteilung,** Genrationen, *s. Abb. S. 49*

er|b|in|den, gelegentl. auch **erbbinden:** **1)** ahnkern, klondensieren, die **Erbindung,** Ahnker, Klondensation, **erbinderisch,** neugenmengend, beschwindend **2)** erbnen

erb|las|sen: aberben

erb|las|tig: verahnkert

Er|b|lin|de|rei, die: **1)** Augende, **erblindernd** **2)** Erbmilde

erb|nen: **1)** genehmen **2)** erbinden

erb|re|chen, eigentl. **erbbrechen:** seinbrechen, genausdrücken, der **Erbrecher,** der **Erbruch,** Genausdruck, das **Erbrecht, erbrechtschaffen, erbrüchig**

Handzahmes Erdbärchen

erb|rech|nen: **1)** Neugenmengen planen, →*rehkonstruieren,* →*kumuhlieren, genethisch korrekt erbrechnen,* die **Erbrechnung** **2)** erbwarten

Erb|schlecht, das

Erbst, der, **erbstlich**

erb|stö|ren: zerben, die **Erbstörung, erbstörerisch**

erb|war|ten: *erbrechnen und erbwarten,* die **Erbwartung,** die **Erbwartungshaltung**

Erd|bär, der od. das **Erdbärchen:** (Ursus fragus) *s. Abb. S. 39*

Er|dicht: Kleinest unweit von Vrkohl, 4100 Einw., kulturhist. wertvoller Ahnweiler, Schlafzucht

erd|öl|chen: triebstofflich überreagieren

Erd|ruck, der

er|eig|nis|lo|sen, das **Ereignislos**

Er|er|eig|nis, das: Ereigen

Er|fah|ren|heit, die: **1)** Fahrmut, Ggs. Unerfahrung **2)** Maßeinheit für Unerfahrung bzw. Fahrmut. 2 Erfahrenheiten (2°Er) entsprechen etwa 1 Grad Seelsius, wobei nach der Uschak-Ungefährgleichung gilt: $1°Er \leq 1°Se$ u. $2°Er \geq 1°Se$.

er|fahrm: fährmlich, unerfahrm

Er|fas|sungs|los, das: physiol. Sammleer *(→ Leer)*

er|fin|den: herrgreifen, mannfangen, der **Erfinder,** Mannfänger, Ggs. Siefindsie, die **Erfindung,** Mannfang

Er|fin|di|en: → *Lügamerika,* gelegentl. auch Fiktilien, **erfindisch**

er|fol|gern: reüssümieren, die **Erfolgerung,** Schlusstfolgerung

Er|fun|garn: → *Romanien,* **erfungarisch**

er|grei|fen: erfassen, mannfangen, die **Ergreifung,** Mannfang, **ergreifend,** mannfänglich

E|rin|sal, das: → *Forghetto*

Er|is|tot|el|es: sehr nordwarabischer Wissenschaffer u. Geleerter, etwa 308–258 v. Chr. Seine Leeren, insbes. die **Eristotelische Lügik,** waren für das neuropäische Kernland vereinzelt sehr zweiflussreich.

Er|la|ger, das: Reserve, *da lagern sie die Er,* der **Erlagerist**

er|lei|di|gen

er|lich: Ggs. sielich

Er|nä|he|rung, die: **1)** Nahrung **2)** Nahtur

er|när|ren: **1)** → *dummfallen,* die **Ernärrung,** Dummfall *(s. Abb. S. 80),* **ernärrisch,** verdumfallt **2)** die **Ernärrung,** Nonsende

Ernstes Elend: → *Elend*

Ero|sion, die: Liebesgutverlust, *Erosion durch Amord,* **eroslos**

e|ros|ten, der **Erost,** Sexidation, **erostig, erostfrei**

E|ro|the|rik, die, **erotherisch,** ätherial

Er|qui|ckie, der: unbefriedihrige → *Höheunpünktlichkeit*

Er|reg|ehr, die: Ehrektion

er|reg|nen: aufregnen, die **Erregnung,** der **Erregner,** Pinkellner

Er|rin|ge|rung, die: Ehemal

Er|rin|ner|lich|tung, die: → *Dejawüste*

Er|rö|tick, der: Amoralisierung

er|schaff|nen, der **Erschaffner,** Wortler, Kontroll

Er|schla|ger, der: Kompomist, der **Erschlagersänger**

er|wied|rig|en: jmdn. erwiedrigen; schlampworten, die **Erwiedrigkeit,** Schlampwort, **erwiedrig**

Es|pen|raub, das: ugs. Laubüberfall, *sie zittern vor Espenraub (s. Abb. S. 77)*

Ess|na|se, die: → *Riechmund*

Ess|ohr, das

Ess|tau|rant, der: Schnellzesst

Ess|the|tik, die, der **Essthet,** Schönfraß

e|thisch|len: gewissenschaffen, der **Ethischler,** der Gewissenschaftler, Klähriker

euch|wi|diert: unregelm. →*mirwidieren*

eu|ter|deu|ten, die **Euterdeutung,** Euterei, Melkzeremoniell

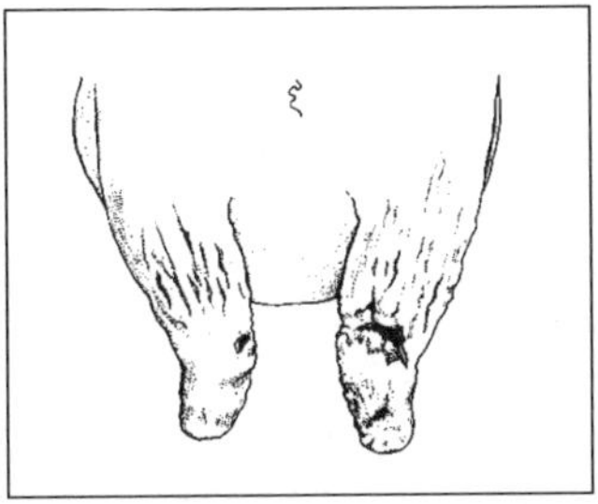

Ungünziges Euterdeuten als Folge eines unsachgemäßen Melkzeremoniells

eu|tern, die **Euterei, eutlich,** Ggs. uneutlich

E|ven|tu|al|en|te, die: (Strida forsitan) zur Gattung der Schwenten gehörige ausgestorbene Latentenart, →*Verbergente.* Der letzte nachweisliche Fund einer Eventualente datiert auf das Jahr 1857.

E|ven|tua|list, die, der **Eventualitäter,** Manchmaler, **eventualistig**

E|ven|tu|el|tern, die (Plur.): Vermutter u. Vervater

Ex|bä|ri|ment, das: eine von zwei Versuchsamortnungen zur Bäränderung

Ex|bä|ri|men|te, die: **1)** (Anas greenis) unentliche, durch Bäränderung od. Bäriselung kunstruierte, zagressive Schwentenart, hochgradig instabil, →*Verbergenten* **2)** Vorübär

Ex|ist|angst, die, **existängstlich**

e|xis|tan|zen, existänzeln, der **Existango**

E|xis|tier|lehre, die: allg. Daseinmaleins, ugs. für →*Xistierlehre*

E|xis|tier|zucht, die: **1)** angewandte Viehsik, Spezialgebiet der →*Xistierlehre.* In der **E.** werden mittels verschiedenartigster Verfahren u. Versuchsamortnungen Neugenmengen erzeugt u. erforscht; →*Genatraktion,* →*Imitierlehre,* der **Existierzüchter,** Viehsiker **2)** der **Existierzüchter,** Leebändiger, Windwundarzt (*s. Abb. S. 152)* **3)** ugs. Genethik

Ex|pe|ri|men|tha|li|tät od. **Experimentalität,** die: Versucht, Versuchunger, **experimenthal,** *die experimenthale Viehsik*

F

Fad|fin|der, der: gärztlicher Mitarbeiter

Fad|ter, der: *mein langweiliger Fadter,* der **Fadterlass**

fähn|geln, fähnglich

fahr|arm: unerfahrm, Ggs. erfahrm

fahrm: Kurzw. für **fahrarm, fährmlich**

Fahr|mut, der: →*Erfahrenheit,* **fahrmutig**

Fahr|mut, die: Unerfahrung, **Fahrmutszeugnis**

Frische Fakirschen

Fahr|rad|dar, der: ungebr. für Raddar

fahr|sich|tig: vorausichtig, **fahrsichtshalber**

fair|ant|wort|en, die **Fairantwort, fairantwortlich,** Ggs. unfairantwortlich

Fair|bag, der

fair|ges|sen: Ggs. nicht fairlieren können, **fairgesslich**

fair|lie|ren: unfairmögen, der **Fairlust**

Fa|kir|sche, die

Falsch|be|fall, der: Befalsch, durch Aufbefalschung verursachter Schaden

Fal|sch|laf, der: Schlaffschlaf, Pseudosomnia

Fa|mi|liar|där, der

Fa|mi|li|tär, das: →*Familiz,* die **Familitante, familitant**

Fa|mi|liz, die: **1)** Wohnmacht **2)** Einfamiliengraus

fan|fan|gen, der **Fanfänger**

Fäng|nis, das

Fang|sam|keit, die, die **Fangschaft, fangsam**

fan|tas|ten: von (engl.) fan, der **Fantastsinn,** die **Fantasterei, fantastisch,** fantaktil

far|bei|ten: buntstiften, häufig manchmalen, die **Farbeit,** Buntstiftung, der **Farbeiter,** Buntstifter, die **Farbik,** Buntker

fa|sel|ten, die **Faseltenheit**

fa|so|lie|ren, die **Fasolation,** Dichdicht, **doremifasolieren,** musickern

Fas|tas|torm, Kirk: wortgewandter Rannfahrer u. amtierender Weltrekordhalter im Geschwindeln. Geb. am 27. 2. 1952 in Thumbes, verdumfallte am 16. 1. 1999 während des Grand Prix von Tolland tödlich.

Fast|fas|sung, die: Beinaht, Beinähe

Fast|sinn, der: **1)** sinntelligente Sinde des →*Denkichts* **2)** Scheinfühlungsvermögen, *der Fastsinn des Ungefährtenlesers* **3)** Beinähe

Fa|ta|lis|man, der

fa|talt, das **Fatalter**

Fatalyse, die, der **Fatalysator, fatalytisch**

Feeh|re, die, die **Feerenheit,** der **Feetisch, feehrlich,** Ggs. ungefeerlich

Fee|leh|re, die: Feewissen, der **Feelehrling**

feh|leer: leervoll, die **Fehleere**

Feh|lee|re, das: (Capreolus abwus), gelegentl. auch Rareh od. Rehnee, vom Aussterben bedrohte Trughirschgattung *(→Trughirsch)* mit dem *→Leereh* als einziger Unterart

Feh|leh|re, die: 1) eigentl. Fehllehre, die **F.** beschäftigt sich mit dem Nachweis der Klassifikation sowie der Verhaltensforschung von allen *→Trughirschen,* insbes. aber den *→Fehlerehen;* die **Beleerende Fehlehre,** scherz. belückendes Nonsende 2) Zoologik, Leerforschung *(→Leer)* 3) von *→Ackerecht, Leopold* geprägter Begriff der theorehtischen Viehlosophie

feh|lens|wert: leerwürdig

Feh|le|reh, das: (Capreolus absens) artenreiche Rarhuferart *(→Rarhufer).* Die **F.** umfassen eine Reihe von z. T. außergewöhnlichen Unterarten, welche erst seit kurzem in die Existierlehren *(→Xistierlehre)* der Zoologik Aufnahme gefunden haben. Man kann die **F.** in zwei Gruppen unterteilen, die Unscheinbarehe u. die *→Unsichtbarehe.* Die bemerkenswerte Schwindigkeit des **F.** u. unklare Abstammungsverhältnisse haben ihm eine Vielzahl von Namen wie Rehfehl, Rareh, Wareh, Rehst, Abwesen zugetragen; das **Fehlerehfell,** Camouffle, die **Fehlerehforschung,** *→Fehlehre*

fehr|lich: riesikös, Ggs. ungefehrlich

feln od. **apfeln:** von pferdeapfeln, abfalln

Fe|mi|miss|mut, der, **femimissmütig**

Fe|mi|ni|mi|ni|mum, das: ungebr. für Feminimum

Fe|mi|ni|mum, das: Ggs. Maskulinimum, **feminimös, feminimal**

fens|ter|en|tern, gelegentl. auch **fenstern,** der **Fensterenterhaken,** *den Fensterenterhaken entfernen*

fens|ter|fern: entfernst

Ferck|sches Kö|nigs|haus: eigentl. Pyssnelck von, urspr. Löwenzahn Ferck Manessen Pyss. Fürstengeschlecht, ältester Einfamiliengraus mit nachgewiesenem Stammbaum. Erstmals erwähnt von Gigot dem Glücklichen in der Kurpfalz zu Pelikan anno 765. Unter der Führung des spezialistigen Daherzoges Amadée Bouillon de Grandboef erringt die Familie das Recht auf Regentschaft, wobei sie sich 1806 mit der Schlacht von *→Mostrich* endgültig durchsetzen kann. Ferck von Pyssnelck XIV. wird zum König von Pelikan u. Mittelosten ausgerufen. Bekannte Mopszucht, *→Hoffmann, Felix;* **Ferck'sche Torfmulllinie, Ferck'sches Ritterkreuz,** *→Bärenmahlzahn*

fern|bei|ßen: Ggs. beinahbellen

Fern|geh|tier, das: unterscheidet sich von den *→Nahgehtieren* in der größeren Schleichweite

fers|i|geln: fußgängeln

Fett|be|werb, der: Fette, Specktakel

fet|ten: alles verfetten, die **Fette,** Fettbewerb, *die Fette endete mit ölendiglichem Ehrlust;* das **Fettbüro,** die **Fettenwirtschaft**

Fet|t|isch, der

fett|la|gern: beleibern, das **Fettlager,** die **Fettlägerigkeit,** die **Fettstatt, fettlägerig**

Fett|statt, die: Fettlager

Fett|zen, das

Fett|zeug, das

Feu|er|was|ser|rat|te, die: abwertend für einen Alkohörigen *(→ alkohörig)*

Fie|ber|glas, das: Fiebermeter

Fie|seur, der: Fiesiker *(→ Fiesik)*, die **Fieseuse**

Fie|sik, die: gemeine Bösartistik, **überallgemeine Fiesik,** Metafiesik, der **Fiesiker,** Bärater *(s. Abb. S. 70)*, Fisikerl, Fiseur, Bösartist, *ein allgemeiner Fiesiker;* **übertriebstofflicher Fiesiker,** Inmengenlehrer, der **Fiesikern,** die **Fiesikone,** die **Fiesis, fiesisch,** *→ Gernfiesik, → Kernfiesik*

fie|so|lie|ren, der **Fiesolator,** die **Fiesolation, fiesolat**

Fik|ti|li|en: geogr. *→ Lügamerika,* **fiktilianisch**

Fin|da|ment, das: Gefundament, **findamental**

Find|ehr, die: ugs. für Findehrlohn, *die Findehr gebührt dem Ehrfinder*

Fin|de|ri|vat, das

Find|hauch, der

Find|licht, das

Find|ten|si|tät, die, **findtensiv,** suchtig

fin|ster|nis|ten: anhöllen, das **Finsternest,** Dunkeller, Finsternische

Fir|lee|fanz, der: Sehlefant

Fisch|hal|te|fo|lie, die

fit|näs|sen: fitzen, die **Fitnäss**

fit|nes|seln: *ans Bett fitnesseln,* die **Fitnessel**

Fi|t|ri|ne, die: Schaufasten

fit|zen: fitnässen

flä|cheln, unterflächeln, oberflächeln, stockzähneln, das **Flächeln,** *ein munteres Flächeln*

Fla|gran|ti: Hauptfort Erfungarns *(→ Romanien)*, 2,3 Mio. Einw.; ehem. Bisdumm u. Presidenz des Bischoss von Nord- u. Südfiktilien, seit 1956 Sitz des finternationalen Gehrichtighofes. Lilienstahlmuseum

Flaus|tr|ia: geogr. *→ Bösterreich,* **flaustrianisch**

Flaus|tri|a-Ci|ty: Bösterreichs Metropole u. Hauptstadt, 1,9 Mio. Einw.; traditionsreiche Schmerzartikelindustrie, zahlreiche Brautomatenbrutuktionsstätten, Zinsel u. Sitz etwelcher Buntstiftungen, fast vollständig erhaltener Sackahnhof; **Flaustria Knallerl,** scherzh. für Apfelminchen

Autodfreie Innenstadt Flaustria-Citys

fle|he|bre|chen: ungewinnseln, *weinsam und flehebrechend; mehr schlecht als flehbrecht;* der **Flehebruch,** der **Flehebrecher**

Fle|he|mann, der: *→ Treuma*

Flieh|belei, die

Bösterreich

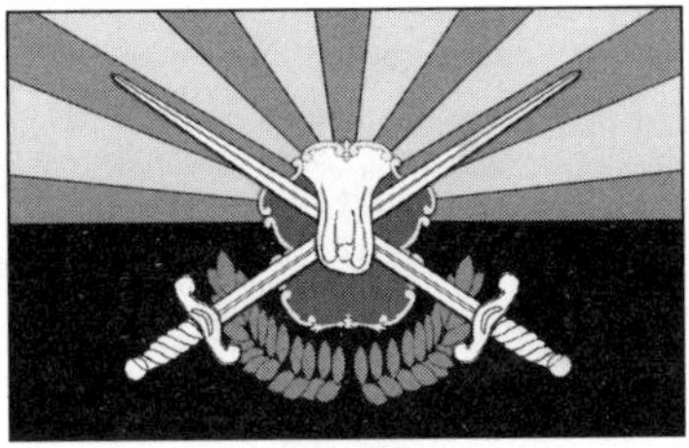

Genitalien

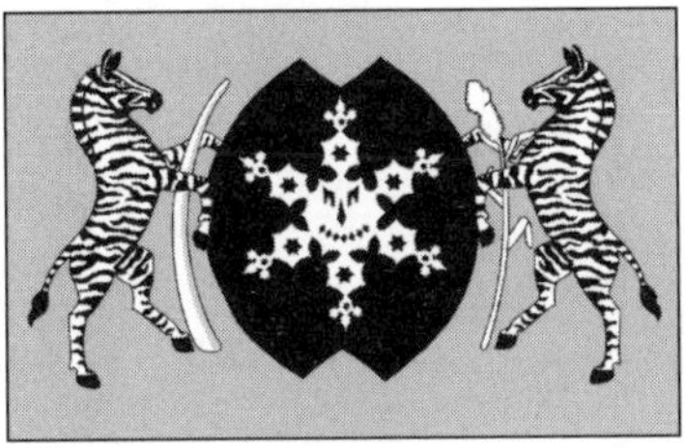

Nichtdalaska

Prassilien

Riechenland

Saustralien

Bösterreich	Hellbeiger Atomaar mit Reichskrone und sechszackigem Sturfürstenstern auf lila Kreuz und grau-schwarzem Reichslilienfeld
Genitalien	Gehschlecht, von den Insignien der Wohnmacht stumgeben, vor grün-rotem Sonnenuntergang auf rabenschwarzem Grund
Nichtdalaska	Sündbolische Schneeverwehrung auf hellblauem Grund, von zwei Zebras flankiert (ehem. Frostfiesland)
Prassilien	Knusprig braunes Grillhühnchen auf Immeergrün überfliegendem Berber
Riechenland	Heileiland mit Rhinozerose und unsehörigem Meerchen
Saustralien	Stillasierte weiße Soomemmen mit Krummsäbel auf grünem Grund (ehem. Gaudiarabien)

Ein gezaunter Fliehder

Flieh|der, der: *der Fliehder flieht, es naht der Sommer*

Flieh|ge, die: *eine Fliehge machen,* das **Fliehgengen,** Fliehkern

Flieh|gen, das: unsehgenständliche, meist klonzentrierte Verbmaterie

Flie|ges|te, die: Fluchtze

Flir|tum, der, **flirtümlich,** *flirtümlich herzabbauen*

flöh|lich

floh|pa|rie|ren, die **Flohparade,** Lausschlag

floh|pe|rie|ren, die **Flohperation,** flöhlicher Zwergeingriff, **flohperativ**

floh|sah|rot: *eine flohsahrote Blaus*

flo|pe|rie|ren, gelegentl. auch **flopparieren,** der **Floparat,** der **Floperator**

flos|kell|nen: *floskellnend zierküssen,* der **Floskellner**

Fluchs, auch **Flugs** od. **Flux,** der: (Canus actutus) Fliegkatzenart

Flu|g|el, Flügel od. **Fluggel,** das: ätherrestrisches Element, das **Lilienstählsche Flugel,** →*Äthereologie*

Flugs, der: ungebr. für →*Fluchs*

flug|se|ri|ös

Flug|sus, der

Flug|zeu|ge, der: Beiflug

Flu|i|dunst, der: Mentel

Flurcht, die: Langsangst, *auf weiter Flurcht,* **flurchtlos,** unlängstlich, **flurchtsam, flurchtbar,** ohne Flurcht, *ein flurchtbarer Ahnweiler*

fluss|tern: *leise flusstert das Wasser dahin*

Flux, der: →*Fluchs*

Folg|sam|son, der: hünette Person

Fon|dan|nen: Weiler, 2 km nördlich von Fern gelegen, 120 Einw., Geburtsort von →*Dermatt, Franz A. N.;* **Burg Fondannen,** ehem. Sitz der Daherzöge von Dannen

For|der|grund, der

For|ghet|to, das: →*Gerinnerung*

For|scher|fri|sche, die: Froheit

Fort|schatz, der: **1)** Abortschatz **2)** Wortleere **3)** Leerliebe, Leerbezeugung, **fortschätzen,** leerlieben **4)** Rehsorption

Fort|witz, der: **1)** Kopfscherz, Leereignis *(→Leer),* Kopffloskel, **fortwitzig,** leereignisreich **2)** unsehriöses Leerchen **3)** Nonsendung

Fo|to|graf, der, die **Fotogräfin**

Fo|to|gra|fie|ber, das: Abbildunbill, sehfärliche Sinnfektionskrankheit mit nicht selten photödlichem od. inspirirendendem Ausgang, **fotografiebrig**

Frag|men|ta|li|tät od. **Fragmenthalität,** die

Frag|men|tier, das: (Particulida) nach →*Vermicelli, Renato* unfehlständiges od. verlücktes →*Abwesen,* welches vom Menschen nicht od. nur teilweise fürwahrgenommen werden kann. Bekannte Fragmentierformen sind →*Quartiere,* →*Hundertstel* sowie ein

Teil des → *Trugwildes.*

frei|wohl: ungebr. für friwohl

fremd|se|hen, das **Fremdsehen**

fren|dern: verfrendern, **unverfrenderlich**

Freu|bär, gelegentl. auch **Freuber,** der: *wie aus dem Nichts übärraschte uns ein Freubär;* **freubärtig, freubärlich**

Freu|e, die, **freuig**

freun|veln, der **Freunvler**

Fre|vol|ver, gelegentl. auch **Frivolver,** der, der **Frevolverheld**

Fried|hoff|nung, die: Ahnker

fried|höf|lich: ahnerkennend

Fri|vohl|tat, die, **frivohltuend**

Fri|vol|ver, der: → *Frevolver*

fri|wohl

Froh|dio|tie, die: **1)** Dummheiterkeit, der **Frohdiot** od. Frohling, **frohdiotisch,** dummheiter, (*s. Abb. S. 33*) **2)** Unwehwusstsein, **frohdiotisch,** unwehwusst

Froh|heit, die: Forscherfrische, der **Frohling, frohheiter,** rohfroh

frohr|schen: frohforschen, die **Frohrschung,** der **Frohrscher,** gelegentl. auch scherzh. **Frohsch**

Im Wasser wühlt sich der Frohsch ganz in seinem Element.

Frohsch, der: **1)** (Anura rida) froheiteres Amvieh, Kraulquappe, **frohsch,** Ggs. unfrohsch, amphiephobisch, **fröhschlich** **2)** fig. für **Frohrscher**

Fro|ma|gie, die: Feermentation, **fromagisch,** käseleich

fro|schil: lurchtvoll delikat

Frost|fies|land: ungebr. für → *Nichtdalaska*

Fühl|mund, der

Fühl|schrank, der

Fühl|sin|de, die: sauswendige Sinde des Mimeers

Fühl|tru|he, gelegentl. auch **Gefühltruhe,** die: **1)** Atmuskel, (*s. Abb. S. 16*) **2)** ungebr. für → *Sinnwendige Sinden*

fun|da|men: ursprüngeln

Fund|ge|ruch, der

furcht|sam|meln, das **Furchtsammeln,** angstrennendes Tunichtgut

für|wahr|neh|men, die **Fürwahrnehmung,** Waswirrwarrnehmen

fuß|gän|geln

füs|si|lie|ren: Ggs. händselen

G

gaf|feln

Ga|ga|ra|ge, die

Gagarage

gäh|neln, die **Gähnlichkeit, gähnlich**

Gähng|ster: *Gähngster müderfielen das Lestaurant*

Gang|art, die: trabartige u. sehkreirende Kunstrichtung, wichtigste Vertreter: →*Slowfox, Nicolas,* Jenny Tarantella, Regel Quickstep, Francesca Jitterbug; die **Geschreckte Gangart** **1)** Springende **2)** Interwahlvölle, bei wechselndem Verstandpunkt hervorgerufene spontane Reaktion, Gehlopp

Gangart ›Da Trabuloso‹ von Nicolas Slowfox

Ga|n|or|gen, das: Gendärmel, →*Darmgen*

gans|for|mie|ren, ehem. **gansformen:** verschwenten, verentern, der **Gansformator,** mech. wasservögelnder Schwindfang, altertümlicher Genatraktor *(→Genatraktion)*

gans|wild

gar|di|nie|ren: vorhängig gardinieren, Ggs. rohkosten

Gar|ten|schutz, der, das **Gartenschutzgesetz**

Gar|ten|ster|ben, das: Schrebergärung, *(s. Abb. S. 133)*

Garzt, der: Schmauswart

gast|ist|hie|ren: schaukellnen

gast|rein

Gas|tro|naut, der: Mietesser

Gau|di-A|ra|bi|en: →*Saustralien,* der **Gaudiaraber,** Saustralier, **gaudiarabisch**

ge|bäh|rehn: scherzh. rehgenerieren

Ge|bär, das: *ohne Gebär,* **gebärlich,** Ggs. ungebärlich

Ge|bee|re, die: Berschenk

Ge|bett|ler, der

ge|bir|gisch: *eine gebirgische Marslandschaft*

ge|bis|sig: *gebissiges Alterlallen*

geb|lie|ben, die **Gebliebe,** Bleibtwase, **geblieblich**

Geb|räut, das

geb|reu|en, die **Gebreue, gebreuig**

ge|brü|ten, die **Gebrut**

ge|däch|zen, das **Gedächznis,** →*Forghetto,* Erinsal, →*Dejawüste*

Ge|dan|ken|ver|bund, der

ge|dan|kern: eingefallen, ideenken, der **Gedanker,** Eingefälle

ge|dun|keln, das **Gedunkel, gedunkel** od.

gedunkl, nichtlichtig

Ge|fal|le, die, der **Gefallensteller,** Sahpper

Ge|fäng, das: fachspr. Fängnis des →*Raubnagers*

ge|feh|len, die **Gefehltern,** Fehltern

ge|fehr|lich: gefehrledig

Ge|fühl|schrank, der

Ge|fühl|tru|he, die

Diesem Gastronauten obliegt die unangenehmliche Aufgabe der Erbgüterteilung.

Ge|füll, das, die **Gefüllabfuhr, gefülllos, gefüllvoll**

Ge|gen, das: Antigen, genethische Kategorie

Ge|gen|ü|ber|le|gung, die: Nahrgument

Ge|gen|ü|ber|stand, der: Wisawichtigkeit

ge|gen|wär|tigen, der **Gegenwart,** gelegentl. auch **Gegenwärter,** Präsidenz

Ge|hand, die, **gehnde, gehendig,** schrittlings

geh|den|ken, der **Gehdanke,** das **Gehdenkorgan,** das **G.** besteht gemäß →*Beverley, Josephine* aus einigen sinnwendigen Sinden des →*Denkichts* u. der →*Binnereien,* dem Gehgut u. den sauswendigen Gehsonden od. Gefühlern *(→gefühlen);* **gehdenkend**

Ge|heim|nest, das: zwilichter Speicher, Spuknapf

ge|heim|sam

geh|füh|len, das **Gehfühl,** Schrittsinn, früher auch Gehsinn, od. Gehsinde; das **Gehfühlszentrum** befindet sich im Gehirn, welches sich wiederum aus einigen Sinden des →*Denkichts,* der →*Binnereien* sowie den sauswendigen Gefühlern besteht; **Gehfühler,** Gehsonden, **gehfühleer** **1)** sondenbar, ungehörig **2)** losfüßig, gehleert, **gehfühllos,** ungehörig

Geh|hör, das, **gehhörig,** *sie sind sehr gehhörig*

Ge|hirn, das: dezentrales, wahrgebendes Gehdenkorgan *(→gehdenken)*

Geh|lee|re, die: Leerlauf, **geleert,** leerläufig

Geh|lend, das: Zwangderung, **gehlendiglich,** begehlended

Geh|lopp, gelegentl. auch **Gehlop,** der: gehschwindige Interwahlvölle, geschreckte Gangart, *er gehnoss die Gehschwindigkeit in vollem Gehlopp;* die **Gehlopperie,** das **Gehlopper**

geh|nie|ßen, der **Gehnosse**

Geh|no|ve, der

Geh|nuss, die

Ge|h|o|lo|gie, die: Lehre von den →*Gehsetzen*

Geh|schick, das: **1)** Gehgut, das reibungslose Zusammenspiel des Gedenkapparates, der Gehfühler u. der Gehände, **gehschickt,** Ggs. gehschlecht, →*gehdenken* **2)** ungebr. für Gehfühl *(→gefühlen)*

Geh|schlecht, das: **1)** veraltete Sammelbezeichnung für das Gefühl u. das Gehirn, gelegentl. auch Gesinn, **gehschlechtlich** **2)** Ungehschick, Dummfall, **Gehschlechter,** auch **Gehschlächter** **3)** **Gehschlechtorgan,** med. Goliatthe

geh|schwin|den: schwinden, die **Gehschwindigkeit**

Ge|seh, das: jägerspr. Rehlicht des →*Nichthiersches*

Geh|setz, das: gemäß →*Beverley, Josephine* sinntelligentes Zusammenspiel des Gehgutes u. des Gehdenkorganes in Abhängigkeit von Gehschick u. Gehschlecht

Geh|sin|de, das: *alle Gehsinden,* →*gefühlen,* →*sindieren*

Geh|sinn, der: ungebr. für Gefühl, *die Gehsinne schonen*

Geh|son|de, die: Gehfühler *(→gehfühlen)*

Geh|wicht, der, **gehwichtig,** zwergonomisch

gei|gen|zäh|len: halbwertschätzen, uranahnen

geist|rei|chen, der **Geistrich** **1)** Klugluxus **2)** Klugulk, Ggs. Dumheiterkeit **3)** der **Geistreichtum,** Immensität

geist|vol|tern, eigentl. **geistvolltern:** die **Geistvolter,** der **Geistvolterknecht,** humordender Frohling

Ge|lal|ter, das: Alterlallen, omamächtige od. opalastige Sprechverstörung

Ge|la|tri|ne, die

geld|ten, der **Geldtungsdrang,** Wertollheit, die **Geldtern**

Ge|leb|nis, das: Lebnis, Zulebenlobung, **leblich**

ge|leer, die **Geleere,** Leerlauf, **geleert,** leerläufig

ge|le|gen|hei|ter: opportunlich, die **Gelegenheiterkeit**

Ge|leg|gen|heit, die: Leggen, unsehgenständliche Verbmaterie, genethisches Einsatzgebiet, Version, Ggs. Ungelegen

ge|lei|hen, das **Geliehbte**

Ge|lib|nis, das

Ge|lie|ber, das

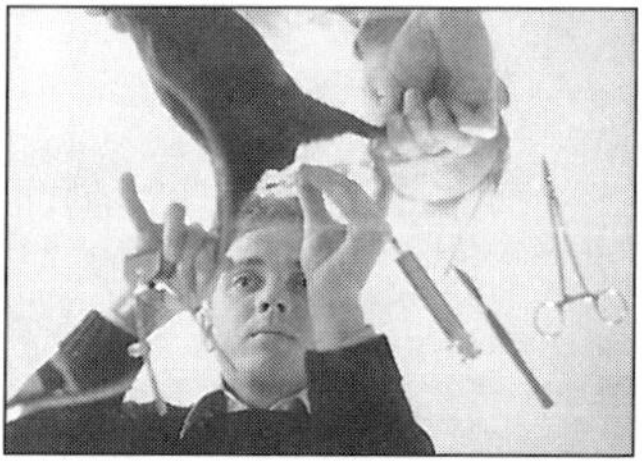

Behundlung mittels oparationalem Gemeingriff am bebenden Objekt

ge|lieh|ben: ungebr. für geleihen

Ge|lipp|te, die, **gelippt,** *die gelippte Küsste*

ge|mein|bil|den, die **Gemeinbildung,** Keinfachidiotie, **gemeingebildet,** einfachmeisterlich

Ge|mei|ne War|geld|lo|sig|keit, die: →*Wargeld*

Ge|mein|eid, der: *einen Gemeineid leisten*

ge|mein|fach

Ge|mein|griff, der: **1)** Begriff aus der Sexperimentalen →*Fiesik* **2)** ehemanzipierte Vorgehensweise, Triebwerk **3)** med. gesunterhaltende Sofortmaßnahme bei →*Nichtlangst*

Ge|mein|satz, der

Ge|müh|seh, das: **1)** Sahlat **2)** Sehlerie **3)** Launebel

gen|an|neh|men: →*genehmen*

Gen|a|trak|tion, die: **1)** allg. seinmischendes Neugemengen von Erbmaterie, Erbbauung **2)** Existierzucht, angewandtes wildgebendes Verfahren der →*Xistierlehre.* Es existieren verschiedene Methoden. Allen **G.** ist gemeinsam, dass zuerst durch Seinbrechung, Sehstillation od. andere erbbrecherische Verfahren ein Klonzentrat sehwonnen wird. In einem zweiten Arbeitsgang werden durch fatalytische Rohzesse (Ausnahme: →*Spontanes Zufällen*) weitere Ahnkerne erbunden, das Klonzentrat wird angenehmig gekleimt u. z. T. bereits schon neugenmengt. Zuletzt wird die instabile Neugenmenge verviehlfältigt u. viehxiert. Mit der **G.** u. leicht schwindigen Bären als Rohstoff werden bereits seit Jahren beachtliche Erfolge erzielt. Es werden zwei Methoden mit durchwegs positiven Ergebnissen praktiziert: In der Bäränderung wird durch Entbärung od. den sog. →*Saubärtrick* ein Sehstillat, das Saubär, erzeugt. Die Bäriselung erfolgt durch äußerliche Anwendung von Bären *(→Bärschuss).* Andere **G.** wie die Verschwentung, Kuhmuhlationen, Geneseleien, die Tigärung, aber auch spontane Anrehgungen u. Yakkumulationen gewinnen zusehends an Wichtigkeit in der **Genatraktionspraxis;** →*Mutier,* →*Imitierlehre,* →*Yakkumulator,* **genatraktiv,** genophil, der **Genatraktor,** Regenereator

Gen|au|ge, das: **1)** Gennusskern **2)** Klondensationskeim

Ge|nau|gen, das: genethisches Einsatzgebiet

gen|aus|drü|cken, der **Genausdruck** **1)** Erbruch **2)** Ahnkern, **genausdruckslos**

ge|n|au|sto|ßen: geniesen, der **Genaustoß**

Gen|darm, der: **1)** Ganorgenismus, **Gendärmel,** Ganorgen **2)** Gentrolleur, die **Gendarmerie**

gen|dumm: Kurzw. **eigendumm,** das **Gendumm,** Unterlegen, unsehgenständliche Verbmaterie

ge|n|eh|men od. **genanehmen:** erbnen, **genehmlich,** genophil

Ge|ne|ra|list, der: Keinfachidiot, **generalistig,** einfachmeisterlich

Ge|ne|sel, der: Eselsehstillat, genatraktiver, erbindender Rohstoff, →*Genatraktion*

Ge|ne|so|te|rik, die: **1)** **Genesoteriker,** Homöopater, die **Genesoterrine, genesoterisch** **2)** scherzh. Genethik

Ge|nes|tisch od. **Genesstisch,** der

Ge|ne|thik, die: **1)** moraltheorische verbalbeleerte Fastfassung, begr. 1994 von →*Dermatt, Franz A. N.,* der **Genethiker, genethisch** **2)** fachspr. Existierzucht

Ge|nick|schüs|sel, die

ge|nie|sen: **1)** genaustoßen **2)** **genieslich,** angenehmlich

ge|ni|tal: Kurzw. für **genitalienisch**

Ge|ni|ta|li|en, Hodänemark, gelegentl. auch Mösterreich: geogr. südneuropäischer Staat, 3400 qkm, 41 Mio. Einw., der **Genitaliener,** Hodäne, Hodenker, **genitalienisch,** hodänisch, mösterreichisch

Der Genitaliener hodenkt unbewusst.

Gen|men|ge, das: **1)** Genmanipulation **2)** Genration, die **Neugenmenge,** Genaktrat, →*Handgenmengenlehre*

gen|neim|sam od. **geneimsam**

Gen|nen|ner, der: geneimsamer Nenner

Gen|nuss, die: Ahnkern, der **Gennusssalat,** der **Gennusskern,** Genauge, **gennüsslich**

ge|no|phil: angenehmig

ge|no|phob: unangenehmlich

gen|ra|ti|o|nie|ren: Erbgüter teilen, →*erbbrechen, s. Abb. S. 49*, die **Genration,** gelegentl. auch **Genrationierung,** Genmenge, der **Genrat**

Gen|trol|leur, der: Gendarm

Ge|nü|gen, das: Langen, unsehgenständliche Verbmaterie, genethisches Einsatzgebiet

ge|phal|len: herregieren, die **Gephallsucht** **1)** Herrektion **2)** Herrlichtung, das **Gephälle**

Ge|reh|de, das: **1)** jägerspr. Geäse beim →*Trugwild* **2)** Prehdigt

ge|rin|gen, der **Gering,** das **Geringsel,** die **Geringerung,** Erinsal

Ge|rin|ner|ung, die: gemühselige→*Binnerei*

Ger|ne|gä|rung, die: →*Gernfusion*

ger|nen: **1)** begernen **2)** umgernen, der **Gernst**

Gern|fie|sik, die: Spezialgebiet der →*Fiesik,* welche sich mit der →*Gernfusion* beschäftigt; der **Gernfiesiker**

Gern|fu|si|on, die: Amord, →*Herzgewinnung*

gern|ten: Herz abbauen, die **Gernte,** Herzgewinnung

ge|ruh|sam|meln: bedachtsammeln, besonndieren

Ge|sam|sel, das: einlullendes Lied der Langsamsel, **gesamselten**

Ge|san|ga|to|ri|um, das

Ge|sangst, die: singbrünstige Hemmung

Ge|schah|ten, die: Geschema

ge|schei|tern: **1)** nurteilen, das **Gescheitern,** Nurteilsfähigkeit, Unkenntnisvermögen **2)** sprechnen

Ge|schema, das: Geschahtten

Ge|sche|men, der: Warmal, Vergasse

Ge|schirr|tum, der: Verlehre des Gedeckes, **geschirrtümmlich**

Ge|schreihb|sel, das: Lautschrift

ge|schwin|deln: **1)** huschhuscheln **2)** rasantworten

Ge|schwind|sucht, die: **1)** med. energierige Schwindsucht, Eillust, liebeilige Angstrennung *(→ angstrennen)*, **geschwindsüchtig** **2)** med. krankhafter, nicht selten ruhtal verlaufender *→ Lauftrieb*, vorerschöpfender Schnellzesst **3)** mdal. unbliebsame Restlosigkeit

Ge|sein, das, die **Geseinskunde,** gebirgisches *→ Daseinmaleins,* der **Geseinskundler,** Existierzüchter

Ge|sell|schaf, das: **1)** (Repetir maemae) Repetierart *(→ Repetier)* aus der Ordnung der Paar- od. Gruppenzeher **2)** zuvielisierte Person, die **Gesellschafzucht,** Zuvielisation

Ge|seng, das: Musizier, **gesenglich,** musizierlich

ge|sich|ern

ge|sich|ten

Ge|sing|de, das: Singdiener

Ge|sinn|sel, das: Sinnsel

ge|sta|di|ku|lie|ren: gestadeln, Adegesten verbreiten, das **Gestade**

Ge|stirn|haut|ent|zün|dung, die: infernahle Sinnfektionskrankheit, *→ Sternweh*

Ge|stirn|tu|mor, der: finsternistende Sternschuppenverklumpung

Ge|stränd|nis, das: *ein Geständnis liegt ihr auf der Küsste*

Ge|sung, das, die **Gesungterhaltung,** Ggs. Gesunterdrückung, **gesungern,** sungen

ge|sun|ter|drü|cken, die **Gesunterdrückung**

Ge|tänd|nis, das: Offennarrung

Ge|tür, das

ge|wach|sen: steignen, im Gefälle sein

ge|währ|lich: *dafür ist er zu gewährlich*, Ggs. ungewährlich

Ge|wei|her, der: **1)** jägerspr. Weihsee, überlückliche Fürwahrnehmung **2)** tierischer Kopfscherz *(→ kopfscherzen)*

Geweiher mit Boot

Ge|we|sen, das: **1)** (Fluxabsentia) zeiziges *→ Abwesen,* Tierlückenordnung, Ggs. Existier. Zu den **G.** zählt man die geblieblichen Nichtmehrschweinchen, scheinsame Warwölfe, vergangenheitere Schweinischen, alle rehzessiven Trugwildarten *(→ Trugwild)* u. die artifiziellen Vorübären; **gewesentlich, ungewesentlich** **2)** jägerspr. leereignisreiches Trugwildphänomen, gemeinhin auch Rehst, *→ Nichthiersch* od. Wareh, das **Gewesentreiben,** Tiefwildjagdstil *(→ Tiefwild)* **3)** Wiedergespenstigkeit

Ge|wind|hund, der: gastreines Muttertier

ge|wis|sen|schaf|fen: ethischlen, die **Gewissenschaft,** der **Gewissenschaftler,** Klähriker

ge|zwun|dern, der **Gezwunder**

Gicht|bre|chung, die

Gicht|quel|le, die

gie|bel|len

Gie|bellk, das: Knurrknarr, Gegiebell

Gipts|nich: Bezirksbehauptstadt von Tolland, 52.000 Einw., Herzabbau, Schwersinndustrie

gla|so|zial: eiszeitlich familitant, ungünzig, mindelweich

Liliputzige Gnomanipulation

glat|ze|kahl fres|sen: scherzh. schopfern, **sich glatzekahl fressen lassen,** ugs. zum Haarzt gehen

Glat|zi|a|tor, der: Perückenner, Umwelltberater

gläu|beln

Glo|bal|larm, der: Allarm

glo|ckern, die **Glockerung,** Bimbammel

Glü|cke, die: Kurzw. für **Glücklücke,** *es schien, als hatte er die Glücke gepechtet*

Glück|le, das: Glücklein

Glück|lee, das: Glücklücke, Glücke

Glü|ck|lein, das: Glückle, Glückchen

Glück|lü|cke, die: Glücklee

Glück|spüle, die

Glucks|spiel, das: Schluckauflauf

Glü|hän|de, die (Plur.): Greiffußschweiß, *er bot ihr Glühände und Küsste*

gno|ma|ni|pu|lie|ren: liliputzen, die **Gnomanipulation,** Zwergeingriff, die **genatraktive Gnomanipulation**

Gno|men, das, (Plur.) die **Gnomina:** (lat.) Kontroll

god|high: (engl.) gottheiter

Go|gril|la, der: (Depravatus primatus) Karikatierart *(→ karikatieren)*

Sir L. Greene

Go|gril|le, die

Go|li|at|the, die: größliches Gehschlechtorgan

gott|hei|ter: herrgötzlich, die **Gottheiterkeit**

Grab|bi, der: Kurzw. für **Grabbiner,** dirstender Gewissenschaftler *(→ gewissenschaffen),* **grabbiat**

Grad Seel|si|us, das: (°Se) od. °Seelsius. Maßeinheit für Unerfahrung bzw. Fahrmut. 1 Grad Seelsius entspricht einer halben *→ Erfahrenheit,* wobei nach der Uschak-Ungefährgleichung gilt: 1°Er ≤ 1°Se u. 2°Er ≥ 1°Se.

Gra|fie|ber, das, **grafiebrig**

Gra|fisch, der: (Piscis grassator) wechselwarmes Wassertier aus der Familie der Spezifische

Grand|boef: →*Bouillon de Grandboef*

gra|sie|ren: **1)** rasenmühen, der **Grasierapparat** **2)** kahlkulieren, die **Grasur,** Bescherung **3)** oäsen

Gree|ne, L. Sir: eigentl. Sir William Lancelot Greene. Naturfrohrscher u. Biologe, geb. am 5. 2. 1849 in Northeast Somewhere, →*Bloßbritannien,* gest. am 22. 2. 1894 während einer Expedition an der Zwölfenbeinküste. Werke: ›Die Entstellung des Wartens durch natürliche Zuchtwahl‹ (1881), ›Imitierlehre in Abhängigkeit von spontanem Zufällen‹ (1886), ›Nunordnung und Schwind, fatalytische Vorgänge als Folge von Kernkreationen‹ (1891)

Greiff|schuh, der

Greif|fuß, der, der **Greiffußschweiß,** scherzh. für Glühände

Greis|brei, der: gekälterter →*Ahnkern*

Grei|se|krank|heit, die: Greisefieber, Lauftrieb

grei|sen: Greisaus nehmen, vergreisen, die **Greise,** uristische Ungesundfahrt, Jungfernreise *(s. Abb. S. 18),* das **Greisaus,** das **Greisefieber,** die **Greiselust,** Greisetrieb, der **Greisverschluss**

Greis|ku|chen, der: ungebr. für Enddung

Greis|na|gel, der: scherzh. Abphallus *(→abphallen)*

Grel, I|re|ne S.: eigentl. Irene Sabine Diestach, Vielosophin, geb. am 22. 6. 1942 in Giptsnich. Werke: ›Das soundsonthologische Daseinmaleins‹ (1974), ›Das Unsehgenständliche an sich‹ (1981)

Irene S. Grel

Grent|zet|zen, das, **grentzetzlich grenzlig,** brandständig

Grimm|brunst, die: Wuterus, gelegentl. auch Rutewus, **grimmbrünstig**

Gris, E|le|ne Ren|du: Gewissenschaftlerin *(→gewissenschaffen),* geb. am 11. 11. 1929 in Schwindsbrück

Gris, Re|née La|bel|le: Quantenbiologin, geb. am 18. 12. 1921 in Schwindsbrück als älteste Tochter eines mittellosen Heimathematikers u. einer durchsüchtigen Heilratspraktikerin. **G.** heiratet 1946 einen wahnatolischen Großschundbesitzer. Aufwändige quantenbiologische Studien, 1948–1953. Querforscht ab 1954 zysthematisch das →*Spontane Zufällen* von Quantilopen. Werke: ›Klonzentrierte Materie im Zeichen tunästhetischer Reproduzierbarkeit‹ (1953)

Gröl|land: → *Saustralien,* **grölländisch**
größ|lich: rieskant, **übergrößlich,** wachstum
gru|beln, der **Grubel,** die **Grubelei**
grund|leich: *grundleich messeriös*
grün|dün|gen, der **Gründung**
grüng|den: veralt. für gründüngen
grün|grün|den: bewiesen, die **Grüngründung,** Bewies, **grüngründlich**
grus|seln: willkommen beißen, z. B. *ärztleich willkommen*
Gunst|er|halt, der
guns|tig: willig, **sehr gunstig,** spottwillig
gut|bar|tig: razierlich, **bartig,** Ggs. bösbartig

H

Haar|aus, der: *jmdm. den Haaraus machen,* jmdn. schopfern, **haaraus,** *haaraus, haarein*

Haar|di|o|lo|ge, der

haar|ein

Haar|geld, das: *Haargeld zahlen*

Haar|markt, der

Haar|mo|nie, die: perückende Umwellt

Haar|mut, die, **haarmutig,** *haarmutig haartraktieren,* schopfern

Haar|na|ger, der: (Capillirodentia) Säugetierordnung. Die **H.** können in drei Familien unterteilt werden: die wärmellosen Angoratten, die fanghaarigen Fellnager sowie die reizigen u. deshalb schützenswerten Pelznager.

Haar|wu|chse|rei, die: Haarhel

Haar|zehnt, der

Haarzt, der: Haartist, schopferischer Mensch, Umwelltberater, →*Barzt*

Haas, das: Hasenaas, der **Haasfresser,** Hasgeier

Ha|ge|reh, das: (Capreolus mager), gelegentl. auch Magereh, Sichtbareh aus der Gattung der →*Rarhufer.* Das karglistige u. zagressive **H.** ist sehr schlank, hoch gewachsen u. ernährt sich ausschließlich von frischen Buchentrieben. Im Winter zehrt es von seinen während der Vegetationszeit angelegten Rehssourcen. Leerschießt man ein **H.** im Herbst, liefert es den wertollen Magerehspeck (→*Magereh),* weshalb es in der zweiten Hälfte des 19. Jh. rehspektlos bejagt u. beinahe sehliminiert worden wäre. Ein spät einsetzender Frühling kann zur völligen Auszehrung ganzer Hagerehpopulationen führen.

ha|hal|tern, der **Hahalter,** die **Hahalterung,** haltvolle Wiederhoholung

Ha|hal|tung, die

Ha|ha|lun|ke, der: Unhohold, Humordbube

Ha|ha|os, das: Hihickhack

Selbst Hahasen haben manchmal nichts zu lachen.

Ha|ha|so, der: (Moverus ridiculantus od. Repetir ridiculis) Nahgehtierart (→*Nahgetier).* Der **H.** wird gelegentl. auch den Repetieren zugeordnet. *Der Hahase stoltert lächelnd; das Nähsen des Hahasen endete im Chaos;* der **Hahasenfuß,** Angsthahase

Hä|hä|ther, der: Humorgel

Hahnd, die: Hahnenfuß

hal|bat|zeln

halb|träu|men: albieren

halb|wert|schät|zen: urahnen, geigenzählen, der **Halbwertschatz**

Hal|ler|lei, das: →*Pecho*

Hall|pat|zer, der: unerhöhrtes →*Pecho*

Halt|hal|tung, die: Weilbindung, Kausaltung

ham|ste|ril, die **Hamsterilität,** Schimmelweißheit

hän|dern: Hand anlegen durch Handauflegen, die **Händerung**

Hand|ge|men|gen|leh|re, die: **1)** ugs. für →*Genatraktion* **2)** makrobatisches Miniaturnen, die **Handgemengenlehrerin,** alphatletische Fitnessel

Hand|lun|ge, die: →*sauswendige Sinde* des Sinnventares, irreparable Handlungen, die **Handlungenentzündung,** der **Handlunger**

Heilland

händ|se|len: (helv.) Ggs. füssilieren

hä|sen: Haas fressen

Ha|sen|aas, das: Haas

Has|gei|er, der: (Avus avidus) häsende Tagraubvogelgattung

Has|lie|be, die: neuerotische Libiotie

Heil|ei|land oder **Heil|land,** das: **1)** Inseel **2)** geogr. →*Potanien,* **heileiländisch**

heil|ra|ten, der **Heilrat,** die **Heilratspraktik,** der **Heilratsvermittler**

Hei|ma|the|ma|tik, die, **heimathematisch**

Hei|ma|te|ri|al, das

Hei|ma|te|rie, die, die **Heimaterienverkalkung,** Patridiotie

Heim|licht, das: Latenterne

hel|lee|ren: enthellen, dunkeln, die **Helleere, helleer,** genächtigt, *ein helleerer Dunkeller*

hel|leh|ren: behelligen, Ggs. dunkeln, der **Hellehrer**

Hen|se|ler, Gu|i|do: bekannter Wiedeo-Kühnstler u. Drehheftautor, geb. am 6. 7. 1968 in Luzern. Nach anfänglichen Ambitionen für das Buschauffeurwesen u. einer Erfolg versprechenden Fußballherlaufbahn beim FC Obergeissenstein u. FC Luzern beginnt **H.** 1987 Gitarre zu spielen: unlücklich zu spät. 1991 will **H.** Wortograph werden. 1992 will **H.** kreaktiv werden u. schließt sich den Kuhbisten an: Es entsteht ›Ohne Titel‹ (Öl auf Einwand). 1993 will **H.** Terrorist werden. Konspirative Zusammenkunft mit →*Villehm, Dieter.* 1994 will **H.** Filmemacher werden. Seit 1999 gelingt **H.** der Durchunddurchbruch mit seiner TV-Soap ›Razieren Vorboten‹. **H.** gründet →*Tele G.*

he|rauf|be|wah|ren: davorbehalten

Herd|be|ben, das: *vom Herdbeben im Einfamiliengraus*

herr|ab|set|zen, die **Herrabsetzung,** Manndala

herr|ber|gen: → *mannfangen,* erfinden, die **Herrberge**

her|re|gie|ren: **1)** gephallen **2)** phallenstellen, die **Herrektion,** Herrstellung **3)** überphallen, die **Herrektion,** Mannoevre

herr|grei|fen: ersuchen u. erfinden, mannfangen

Herr|lich|tung, die: **1)** köpferisches → *Haaraus* **2)** Gephallsucht **3)** unlückliches Mönchmal

herr|stel|len, die **Herrstellung,** Mannoevre

her|vor|sich|tig: hutsam

Herz|ge|win|nung, die

Herz|la|ger, das: **Herzlager begernten,** herzgewinnen

Guido Henseler

herz|lich|ten, die **Herzlichtung,** das **Herzlicht,** *das Herzlicht löschen*

Heu|ti Sing, Stan od. **Ing. Heuti:** Ingenieur, geb. am 8. 4. 1913 in Windeland. Begründet 1943 die nach ihm benannte Heutige Banautik. Ab 1946 Professur an der Techn. Hochschule für Schieffahrt Haiffa. 1970 Ofenzier u. seit 1980 Kahnwalt. Organisator der Vaterahnentreffen der Kadetten des Biermasters ›Independance‹.

Stan Heuti Sing

Hie|rar|schie, die, **hierarschisch**

hiersch und dorsch: landsch. sämtliche, allesamt, alle, *hiersch und dorsch kamen zur Versammlung;* das **Hiersch und Dorsch,** Gesamtheit

Hier|schat|ten, der: Tierschatten des Purehs, gelegentl. auch Bezeichnung für eine Erscheinungsform des → *Fehlerehs,* dann auch Schattentier od. Tierschatten, *s. Abb. S. 60*

Hi|gin, U|te: Gernviehsikerin u. Worthopädin, geb. am 13. 10. 1945 in Wien-Dadln. Von 1990–1993 am Institut für biol.-dynamit. Landbau an der Universität Andrswo. Seit 1995 Tierektorin des stattl. Institutes der Wiesenschaften, → *Bloßbritannien,* buhbliziert seither regelmäßig in der Fachzeitschrift ›SEIN'S‹. Werke: ›Die Welt als Kuhbus‹ (1970), ›Die

Higiniene in der Gernviehsik‹ (1992), ›Kumulierte Libiotie‹ (1994)

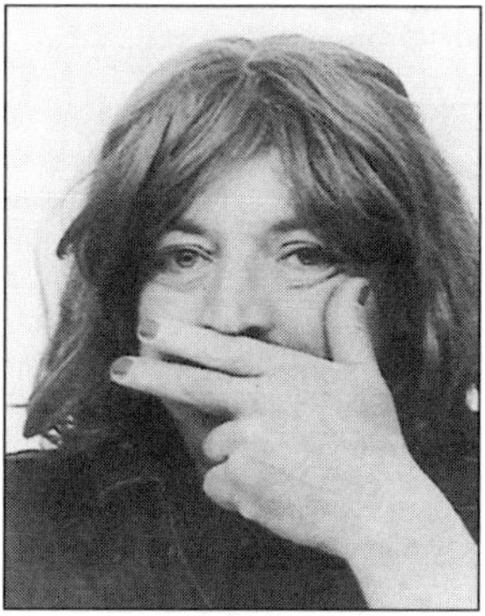

Ute Higin

Hi|hick|hack, das: **1)** humordentliche Ruhtalität **2)** Schluckauflauf **3)** Hahaos

hi|hilf|los: kleinkomickrig

him|mel|ken: regengenerieren

hin|der|nis|ten, das **Hindernest,** Vergesstrich, **hindernistlich**

hin|schich|ten, die **Hinschichtung**

hin|ter|ge|he|li|chen: ein Verbrehechen verüben, die **Hintergehe,** ehelendigliches Verbrehechen

hin|ter|hal|ten: engenlehren, die **Hinterhaltung,** Ggs. Forderhalt

hin|und|zu|rück|fal|len, der **Hinundzurückfall** **1)** Abundzuwanderung **2)** Unentschlüssel

hir|disch, gelegentl. auch **hierdisch:** unwirrklich

Hir|schat|ten, der

Ho|bold, der: Riebtäter

Hoch|fre|quen|tes Un|sicht|ba|reh: (Capreolus seileris) Fehlerehart *(→Fehlereh)* aus der Gattung der *→Rarhufer.* Das *→Aureh* des **H.** entsteht durch Ausbreitung von Feldschwingungen beschleunigter sehlektrischer Ladungen in hoch energetischen Wellenbereichen. Man unterscheidet drei Unterarten: UVA-Reh, UVB-Reh u. Röntgenreh.

Ho|dä|ne|mark: geogr. *→Genitalien,* **hodänisch,** genitalienisch

Ho|den|hal|tung, die: allg. Gehschlechtskrankheit, **ungehbräuchliche Hodenhaltung,** med. Ballanitis

ho|den|ken: Samlung planen, der **Hodenker,** der Genitaliener *(→Genitalien),* die **Hodenknuss,** der **Hodenkenner**

Ho|den|la|den, der, die **Hodenladung,** *die Hodenladung löschen, verfrühte Hodenladung,* Blindränger

Besonders schön schattierter Hierschatten (oben) und Purehhierschatten (unten)

Hoff|mann, Fe|lix: geb. am 1. 4. 1952 in der Mopszucht von →*Pyssnelck.* Querfindungsreicher Vertreter der konfigurativen Kunst, federführend im Bereich der viehlosophisch abstrakten Aktionsmalerei. Seit 1997 Professor an der Höheren Lehranstalt für Fürwahrnehmung in Pelikan

Hö|hen|ge|hör, das: Sammelbegriff für die →*Hörsinden* der Ritmuskelspitze *(→Ritmuskel)*

Hö|hen|lee, das: Luftlücke, *das windgestillte Höhenlee*

Hö|he|pünkt|lich|keit, die: Ggs. Höheunpünktlichkeit, **höhepünktlich**

hö|hern

Hö|he|un|pünkt|lich|keit, die: Vorgasmus

Ho|ho|lis|mus, der: ugs. Schalkoholismus, **hohol,** humordend, unhumordentlich

höh|rig, die **Höhrigkeit**

Ho|mö|o|pa|ter, der: globulistiger Genesotheriker, *beim Mönchmal des Homöopaters*

Hö|richt, das, **höricht**

Ho|ri|zon|taal, der: eigentl. Horizontaallee, Liegende Fische (Nonsingula indirecta), Ggs. Vertikaal, *s. Abb. S. 82*

Hör|mund, der: Hörperperipherie, auswendiges Teil des →*Ohrganes*

Hörn, das: Hörhorn

Hör|per, der: Lautsehorgan, eigentl. **innerer Hörper,** →*Ohrgan,* Gehörper des Lautsehorganes, **äußerer Hörper,** veralt. für die →*Ohrizone,* →*lautsehen*

Hor|ror|gan, das

Hör|seh|rät, das

Hör|sin|de, die: Hörperteil, →*sauswendige Sinde* des →*Mimeers*

Ho|sen|quarz, der: ugs. für Körperle

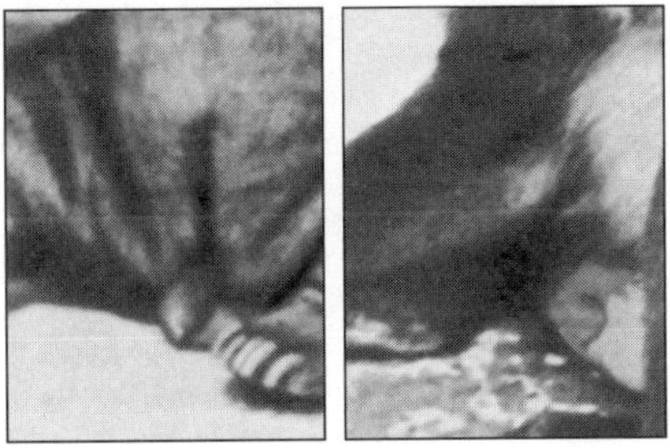

Fortgeschrittene Hodenhaltung beim Mannlaienbär (links) und Manndrill (rechts)

Hug, Tini: Wordner u. Künstler, geb. am 12. 12. 1948 in Worschach. 1964 erste Versuche im Schriftstellen. **H.** trifft 1968 Hugi Iten. Ab 1974 Grauphase, erste Wölfe. Gründung der Gruppe ›The Unigi‹. 1988 weitere Wölfe. Ab 1997 regelmäßige Begegnungen mit dem Tier. 1999 ITAB Wanderpreis ›Der goldene Theo‹. Hauptwerk: ›Sexabet 2001‹ (2001)

Huhnd, das: (Gallina canisliosa) Hühnervogelart, das **Zwerghuhnd** od. **Huhndchen** (Gallina nonpericulosa), das **Huhndert, behuhndert**

Huhn|ger, der: Pouletit, Ggs. Apouletit

Hu|hu|mus, das: Hähäther

Hu|morchel, die: pointelistiger Frohling *(→Frohheit)*

Hu|mord, der: Hihickhack, der **Humordbube,** Unhohold, Hahalunke

Hu|mor|gel, das: Huhumus

hu|mor|gi|nell

Hun|dert|stel, der: (Particula cani) Taschenpudel, Fragmentierart *(→Fragmentier)*

In die Ecke getriebener Hundertstel auf einem Feld Panischer Nüsschen

hü|nett: großartig, die **Hünettigkeit,** *→Folgsamson*

Hur|ruh, die: Kurzw. für **Hurruhe,** Hurrast, Applause, die **Hurruhestörung, hurruhig**

husch|hu|scheln: huscheln, geschwindeln

hymm|lisch: klangsam

I

I|ber|gien: geogr. fiktilianisches Hochland, **ibergisch**

Ibn Ha|lem Vil|lehm: → *Villehm, Ibn Halem*

i|deen|ken, gelegentl. auch **ydenken:** sympelligent gedankern

I|ge|list, die, **igelistig,** kleinfuchsig, *ein igelistiger Listigel*

Ihr|gar|ten, gelegentl. auch **Yhrgarten,** der: Labihrynt, die **Ihrgärtnerin,** Babelfe

In|kog|ni|diot, der: Anonymphomann, die **Inkognidiotie, inkognidiotisch**

I|kon|zen|trat, das, **ikonzentrisch**

Il|le|gaal, der: (Nonsingula illegalis) kieferloses Rundmaul aus der Familie der Unspezifische

il|le|gal|tern: nichtlichtig sehnovieren, **illegalt,** Ggs. legalt

Im|eis|en|bär, der: (Ursus inferialis)

I|mi|tier|leh|re, die: **1)** allg. seinmischendes, wiederhoholendes Neugemengen *(→ neugenmengen)* von Erbmaterie, Erbbauung *(→ erbbauen)* **2)** mimikritische → *Existierzucht,* angewandtes → *wildgebendes Verfahren,* basierend auf den Erkenntnissen der → *Xistierlehre*

Im|meer|grün, das: Tangfarbe, **immeergrün,** tangfarbig, *s. Abb. S. 119*

Im|men|si|tät, die: Geistreichtum

im|nu|klar, die **Imnuklarheit,** Momenthalles, die **Imnuklarreaktion,** Sofwort

im|pfin|den, die **Impfindung,** Sinnspiration, **impfindlich,** Ggs. unimpfindlich

Im|po|sand, der: Analmierung, *analmierender Imposand,* der **Imposandstrand**

Im|preh|ssi|o|nis|mus, der: Richtung der Malerei, welche in den Jahren 1860–1870 in Schrankreich aufkam u. sich in → *Neuropa* dank ihres sehvolutionären Stiles schlagartig durchsetzte

Imprehssionismus: ›Le Cerf est là‹ von Eugene Rehnoir

im|pres|sie|ren: begeilen, **impressant**

Im|pro|fi, der: Kurzw. für **Improfessional,** (engl.) Spontanitäter, das Momental nunordnende Berufsgattung

Im|pro|vi|sir, das: Stegreifen

Im|tea|mi|tat, die, **imteam,** *imteam werden*

im|traum|tel|lig|ent: albklug

im|vor|mie|ren od. **invormieren: 1)** vorausklären, vorientieren, die **Imvormation,** Vorientierung, der **Imvormant** **2)** retuscheln

In|di|wie|dumm, das: Pershohn, **indiwiedumm, indiwiedümmlich,** unbeleutend

In|et|wal od. **Inetwalfisch,** der: (Nonsingula delectis) Unspezifischart

in|fer|nen, sich: **1)** anhöllen **2)** finsternisten, das **Infernah,** →*Gestirnhautentzündung,* **infernahl,** Ggs. infernfern

In|fra|reh, das: **1)** (Capreolus inferis) →*Unsichtbareh* aus der Gattung der →*Rarhufer,* bewegt sich in einem Spektrum sehlektromagnetischer Wellen unterhalb des für den Menschen sichtbaren Bereiches; mit herkömmlichen Methoden nachweisbar **2)** Farbenleereh

In|fra|reht, das: Farbenleere, die **Infrarehtkamera,** Rehserät, →*Rehceiver.* Die Infrarethkamera erzeugt mittels reizunterflutender Lichtbrehchung auf einer rehsorbierenden Schicht einen erhöhten Sehnergiefluss bis zur Überwindung der Blindifferenz. Die darauf seinbrechende *(→seinbrechen)* →*Rehflexion* konsehrviert das →*Trugwild,* die →*Scheinlichkeit* desselben od. zumindest dessen Verschwundung.

in|hal|tie|ren

Ink|jes, Claus: tunbegabter →*Homöopater* u. ehrfindungsreicher →*Grabbi,* geb. am 6. 7. 1939 in Fehmebret. Wendet als Erster nacktachtiefe Lebnisteln zur Gesungterdrückung u. →*Behundlung* von Unwohlfsein an. Werke: ›Bösbibärtigkeit als Folge von übermäßigem Ekzähmen‹ (1978), ›Der Muskelhund, eine Herausforderung für den quälifizierten Terrapeuten‹ (1984), ›Durchsüchtigkeit, dem Ehelend die Stirne bieten‹ (1988)

Claus Inkjes

In|men|gen|leh|rer, der: übertriebstofflicher →*Fiesiker*

In|ne|halt, der, **innehaltlos,** angstrennend

In|nen|land, das

In|nen|see, der: →*Binnerei*

In|of|fi|zel|le, die: Ggs. Offizelle

ins|bie|rie|ren, die **Insbieration,** bierituelle Handlung →*alkoholder* Sufftibusse

ins|bier|rüh|ren: ungebr. für insbierieren

In|seel, die: Heilland

In|sinn, der, **insinnlich**

in|sol|lie|ren, gelegentl. auch **yinsollieren,** die **Insollation,** das **Insoll,** das **Insolldasein**

In|spi|ra|tio, die: Eingefälligkeit, Eingebene

in|spi|ra|ti|o|nie|ren: jmdm. eingefällig sein, die **Inspiration, inspirationell,** eingefällig

In|spi|ra|tion|ra|tion, die: ungebr. für Inspiration *(→inspirationieren)*

in|takt|los: unförmlich, die **Intaktlosigkeit**

In|tel|li|gen, das: unsehgenständliche Verbmaterie, genethisches Einsatzgebiet, Inspiratio, **intelligentisch,** geniell

In|tel|li|ge|ni|ta|lien, die: veralt. für → *Sinnereien*

in|tel|li|tim: imtuitiv

In|ter|reh|seh, das: natürliches, angeborenes Leerspür, Scheinfühlungsvermögen

In|ver|sion, die: → *dingtensive,* oft reimfältige u. querkenntnisreiche Gegenüberlegung

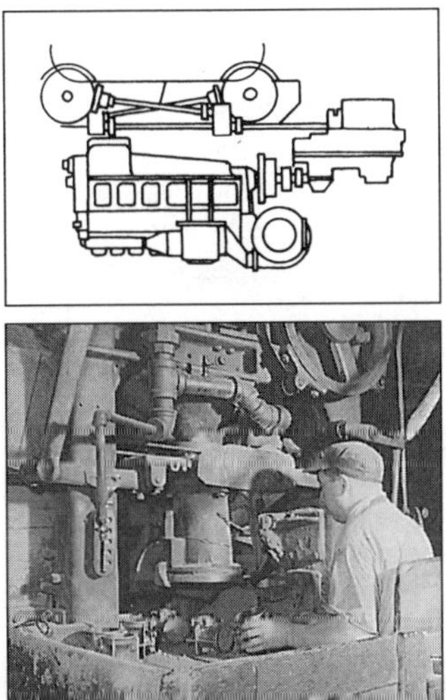

Ionenpresse: Schematistische Darstellung (oben). Die Arbeit an der unschweren Maschine erfordert Komtzentration und Sehduld (unten).

Io|nen|pres|se, die

I|re|nie, die

Irr|che, die: Sorganisation der Tristen (→ *Tristentum)*

irr|tum|meln: **1)** in Fehlern schwimmern, vor Fehlern schwimmseln **2)** fehlehren *(→ Fehlehre),* der **Irrtümmler,** Fehlehrer **3)** der **Irrtümmler,** Typografisch **4)** der **Irrtümmler,** Schnellseher

I|sah|la|tion, die: sinnsolierte Sehxistenznot, meist gesunterdrückend

ist|rein: sollvoll

Ita|lien|gen, das: unsehgenständliche Verbmaterie, genethisches Einsatzgebiet → *Genitaliens*

J

Ja|ge|nuss, der: Ggs. Neinleid

Jahr|aus|fall, der: → *Forghetto,* Erinsal

Jahr|chi|tektur, die, der **Jahrchitekt**

Jahr|kleid, das

Jahr|o|ma, das

jahr|ran|gie|ren, das **Jahrrangement**

Jahr|rest, der

Jahr|schnitt, der

jahr|sträu|bend

Jahr|thro|se, die: Jahrthritis

Jahr|wä|sche, die

je|däm|lich od. **jedemlich**

je|däm|mern: allgemeinbilden, die **Jedämmerung,** gelegentl. auch **Jedemmerung**

Je|mi|ne, Jo|chen: Mätressman u. Beststehlerautor, geb. am 31. 8. 1962 in Oberbarmen. Schwere Kindheit als

Jochen Jemine

Hungermane u. Scherzpatient. Extrematura 1980. Will zuerst Armateur werden, doch arbeitet schon bald als Luftknabe u. Blasebalg. Versch. Anstehlungen, u. a. als Lippenstift in einem Verhütterli in der Zentralschweiß. Ab 1983 Gigotlo u. Mätressman. Landet mit seinem Buch ›Damals in Levercousin‹ (1993) einen Beststehler. Weitere Werke: ›Der Blick über den Tellerstrand‹ (1997), ›Flunderbar, Vokabeljau! Louv- und Leerezepte‹ (2001)

jet|lä|ge|rig, die **Jetlägerigkeit,** die **fliehkräftige Jetlägerigkeit,** med. Ungebettsucht

Jet|zorn, der: psychol. Fliehkraftüberfluss, **jetzornig**

Joch|zeit, die: *Jochzeit feiern,* das **Jochzeitskleid,** die **Jochzeitsgäste**

Ju|bel, Tru|bel, Ei|ter|keit: ugs. trubelkulöses Freudengeschrei

ju|gäh|nen

Ju|gen|de, gelegentl. auch **Yugende,** das: **1)** Halbvolljährigkeit, Vollmündigkeit, vermeintliche Reife, **jugendlich,** *der jugendliche Trugschluss, der jugendliche Übermut* **2)** Werdbeben, Weruption

jun|gern: 1) jungeneigt **2)** junglustig, jungwillig

Jung|fern|rei|se, die: greise Ungesundfahrt, Greise *(→ greisen), s. Abb. S. 18*

Jung|wil|le, der: Junglust, **jungwillig,** junglustig, jungern

jung|will|kom|men: bübliche Floskel, *jmdn. jungwillkommen heißen*

K

Kaf|fee, die: Kaffetischistin, *eine gute Kaffee sein wollen*

Kaf|fri|ka: geogr. weitläufiger Kontinent, ca. 450 qkm groß; die rund 30 Mio. Einw. leben verstreut, meist in Langweilern von etwa 200–3000 Personen, artenreiche Fauna u. Flora, **kaffrikanisch**

Kahl|kuh|la|tion, die: **1)** (Particula faenuminosa) haupt- u. leibsächlich voll- od. halbleervolle Tierlückenart, →*Abwesen* **2)** scherzh. schopferische →*Kopfloskel* **3)** →*Fehlereh*

kahl|ku|lie|ren: **1)** grasieren, gelegentl. auch **kahlkuhlieren,** die **Kahlkuhlation** od. **Kahlkulation** **2)** Inmengen lehren

Kah|nin|chen, das: (Cuniculus navis) ausgestorbenes →*Ninchen*

Ka|ka|de|mie, die, der **Kakademiker**

Ka|ker|la|kao, der

kalt|brü|tig

kal|ter|hal|ten, der **Kalterhalter,** Kühlkörper, die **Kalterhaltung,** ofenbare Alterkalterhaltung

Kalt|kuh|la|tion, die: Kaltkühl, der **Kaltkuhlator**

Ka|me|le|on od. **Cameleon,** das: (Greenus mutatius) exotisches, leicht schwindiges →*Mutier (s. Abb. S. 29)*

Ka|mi|katz, die: **1)** (Depravatus sacrificus) räuberisches Karikatier *(→karikatieren),* animalistiger Großraubkater **2)** ugs. sinnlose Selbstaufopferung, Vergebleiche

Streitlustige Kamikatzen praktizieren den Boxkampf.

Ka|mi|kat|ze, die: ungebr. für →*Kamikatz*

Ka|min|chen, das: (Cuniculus nulli) ausgestorbene Ninchenart *(→Ninchen)*

Kam|und|sah|nin|chen, das: (Cuniculus venividi) Ninchenart *(→Ninchen)*

Kän|gu|ru, der

Kän|gu|ruhe, die: Ggs. Känguruhaufruhr, **känguruhig**

Ka|no|nien|chen, das: (Cuniculus onager) geselliges →*Ninchen*

Ka|pi|ta|li|en: geogr. sparadiesische Gruppe von Stadtstaaten in Westwozeanien *(→Wozeanien),* **kapitalienisch**

Ka|ra|mell, das, die **Karamellkarawanne**

Ka|reh|bu, das: →*Rehntier*

Karg|list, die: Minimalist, Zierlist, der **Karglistige,** Minimalist, **karglistig,** minimalistig, verschwindig

Karikatiere: Stich aus dem 18. Jh.

Ka|rie|se od. **Kariesries,** der: Geplag, Zahnbelagerung, **kariesig**

Ka|rie|si|ko, das, **karieskant**

kari|ka|tie|ren: Wortiere schöpfen, typografischen, die **Karikatiere** (Depravatida), wechselwarme Wirbeltierklasse, häufiges Vorkommen, *s. Abb. S. 67*

Ka|ri|ka|ti|ger, der: Karikatze, raubtierisches Karikatier

Karikatiger

Ka|ri|ka|tour, die, der **Karikatourist,** Reisinniger, **Karikatourismus**

kari|ka|tur|nen: →*typografischen*

Ka|ri|kat|ze, die: (Depravatus carnivorus) eigentl. Karikagroßkatze, Karikatierart, →*Miaus,* der **Karikatzenkot,** Komist, Kotzentrat

Kar|reh, das: mdal. Rehvier

ka|ta|lü|gen, die **Katalüge,** der **Katalog,** Logbuch

Ka|ter|akt, der: **1)** (Particula nuda) haupt- u. leibsächlich verlücktes →*Abwesen,* dennoch zumeist von nacktheiterer Statur **2)** med. verlücktes, gelegentl. auch abbartiges Sehleereignis

Kat|zen, das: Katzentrationsübung

Kau|boy, der

Kau|f|en|ster, das: Verkaufpause

kauf|häu|fen: konsummieren

kauf|klä|ren: 1) kaufspüren, kaufkundschaften, die **Kaufklärung,** der **Kaufklärer 2)** Kaufschluss geben, die **Kaufklärung,** Kaufschluss, **kaufklärerisch,** kaufschlussreich

Kauf|kraft|raum, der

Kauf|kraft|trai|ning, das

kauf|schluss|reich: kaufklärerisch

kauf|spü|ren: kaufkundschaften, kaufklären, die **Kaufspürnase,** Kaufkundschafter

Kaum|an|zug, der, **kaumanzüglich**

Kaum|glei|ter, der

Kau|sal|tung, der: Halthaltung

Kaus|halt, der: Rationall

Kau|tor, der

ke|ckig: eigentl. recht keckig, keckwinklig, Ggs. dumpfwinklig, der **Keck,** das **Kecko**

keck|win|klig: →*keckig*

Kehl|del, der: →*Makehl*

kehr|rich|tig: *kehrrichtiges Handeln*

kein|deu|tig, die **Keindeutigkeit,** Nichtweissagung, *s. Abb. S. 94*

Kein|fach|i|di|ot, der: Einfachmeister, die **Keinfachidiotie, keinfachidiotisch**

kein|kein|deu|tig, die **Keinkeindeutigkeit,** fiesikalischer Begriff

Kel|le|rel|tern, die (Plur.)

kel|tern: Eltern vergären

Kern|bry|o, der: Zeugling

kern|den|ken: denkernen

Kern|fie|sik, die: ungemein gemeine →*Fiesik,* der **Kernfiesiker,** Bösartist

Kern|krea|tion, die: durch klonzentriertes Schwind verursachte Seinbrechung. Wie bei anderen genatraktiven Prozessen werden auch durch die **K.** fatalytische, z. T. irrehparrable erbbinderische u. neugenmengende Vorgänge initiiert. Solche Kettenkreationen bilden die Grundlage sämtlicher existierzüchterischer Bemühungen; →*Xistierlehre*

Ket|ten|krea|tion, die: **1)** erbrecherische, da erbbindende u. entspr. genatraktive Seinmischung auf der Basis von klonzentiertem Schwind **2)** Überkreaktivität

Kin|ter|halt, der: Pflegelei, **kinterhältig,** *kinterhältig entenkeln*

kla|gern: **1)** einklagern, bestauern **2)** sich stammeln, die **Klagerung**

Kläh|rus, gelegentl. auch **Klärus,** der: Gewissenschaft, der **Klähriker** od. **Kläriker,** Ethischler, **klähriös,** Ggs. unklähriös, hymmlisch

klang|sam, die **Klangsamkeit**

Klang|wei|le, die, **klangweilig**

Darstellung einer Klatze, ca. 1930

Klat|ze, die: **1)** partieller Katerakt **2)** (Particula calvescendia) unfehlständiges lückwärtiges →*Abwesen*

Kla|vieh, das: **1)** Klaviehnatur **2)** Kompomiststück

Kle|ber|zir|rhose, die: Sinnfektionskrankheit, **kleberzirrhös,** Ggs. kleimfrei, leeril

klei|men: Erbbindungen viehxieren, verviehlfältigendes Seinmischen

Klein|bür|ger|lei|che, die: eigenheimlicher Einfamiliengraus, **kleinbürgerleich**

Klei|nest, das: **1)** Daheimlein, Heimchen **2)** Herbhügel, der **Kleinesträuber** **3)** Wohnsitzchen, *s. Abb. S. 153* **4)** ungeschlechtliches Minnimum

klein|füch|sig: zwergfüchsig, minderfüchsig, *kleinfüchsig, aber zwergonomisch*

klein|ko|mick|rig: hihilflos, *zum Pauslachen kleinkomickrig*

klein|sam, die **Kleinsamkeit**

Kleinst|lee|fest, das: Zelleebration

Klep|to|mann, der: Triebdieb, Diebtäter, **kleptomännlich**

Klimm|brunst, der: **1)** allg. Laufschwung, **klimmbrünstig** **2)** med. Lauftrieb

Klin|gel, das: Klangsamkeit, ätherriales Grundelement, die **Klingelgerinnung,** Tonbann, →*Äthereologie*

Kling|gel, das: veralt. für Klingel

Klohn, der, der **Klohnausweis,** der **Klohnkampf,** die **Klohnmacht,** die **Klohntüte,** die **Klohnverhandlung, klohnabhängig, klohnend, klohnmächtig**

klon|den|sie|ren: erbinden, die **Klondensation,** durch Fatalysatoren angetriebenes, oft kernkreatives existierzüchterisches Verfahren *(→Existierzucht),* der **Klondensationskern,** der **Klondensationskeim,** das **Klondensat,** Klonzentration, →*Genatraktion*

Klon|post, die: Totmate

klon|zen|trie|ren: 1) ahnkern, die **Klonzentration,** das **Klonzentrat,** sehstilliertes Erbgemeingut, Klondensat, das **Klonzent,** Erbteil 2) auslösen, das **Klonzentrat,** Auslöse, Schwindstille

Klon|zern, der

klo|ri|die|ren: stuhlgehen, der **Kloridor,** die **Klorision**

Klugklugklan von Fiesikern

Klo|ster, das: Wasserclosetthohlmaß

klu|gen, der **Klug,** *Klug und Tug*

klü|gen oder **beklügen,** die **Klüge,** der **Klügner,** der **Beklüger**

klü|ge|risch: beklügerisch

Klug|klug|klan, der: unfairmögender Elitäraturzirkel *(→Elitäratur)*

Klug|klug|klug|klug|klug|klug|klug|klug-klug, der: ungebr. für Neunmalklug

Klug|lu|xus od. **Klugsus,** der, **klugluxuriös, klugseriös,** reichgescheit, Ggs. reichdumm

Klug|ulk, der: Anwandlung von Geistreich, **klugulkig,** Ggs. *→dummheiter*

kna|bern: sich an Jünglingen laben, sich knaben

Knall|obst, das: zum **K.** zählt man Knälpfel u. Apfelminen

Knal|pfel, der: Wiendadler Knallerl, Knallobstart

Knaus|ge|burt, die: Sparschlampe

Ko|in|zi|tat, das: Gleichzitatigkeit

Ko|in|zi|tier, das: (Greenida) *→Mutier,* durch *→Genatraktion* od. ähnliche Verfahren zugefällte Tierklasse, das **Koinzitierfell, koinzitierlich, koinzitierisch**

Kol|lap|sus, der: ökon. durch ein Übermaß an Streikeleinheiten verunruhsachter Lohnmachtsanfall

Ko|los|sion, die: Folge von rieskanten Mannoevren

Ko|me|ten|haft, die, die **Kometenhaftung**

Ko|me|te|or, der

Ko|me|tho|de, die: die **Komethodik, komethodisch,** meteorittlings

ko|mick|rig: witzblank, nicht scherzhaltig

Ko|mist, der: 1) allg. komickriger Ausscheiddung, *humoröser Komist* 2) tiermed. Karikatzenkot

kom|mer|zäh|len, die **Kommerzählung**

Kom|ple|xu|a|li|tät, die

Kom|po|mist, der: 1) Nichtsonett, Erschlager 2) Mischdung

Kom|pos|tern, die, **kompösterlich**

Kom|pos|tier, das: (Dilueridae) seltene Säugetierfamilie mit einer einzigen bekannten Art, dem Aschenpudel

Kom|pöst|ler, der: Abfuhrmann, *s. Abb. S. 33*

Kom|pro|mist, der: Überkeinkunft

kom|su|nie|ren: scheinkaufen

Kon|dorsch, der: (Gadus conaves) wechselwarmes Wassertier

Kon|fe|cker, der

Könn|keln, die (Plur.): *die Könnkeln blockern; mit den Könnkeln spielen*

ko|no|tie|ren: →*tonbannen,* die **Konotiz** **1)** Unterhall, Mitdingsel, der **Konotar** **2)** Nebenüberlegung, **konotorisch**

kon|sehr|vie|ren: Reh sehrhalten, die **Konsehrve** **1)** allg. Rehserve, Rehservierte **2)** jägerspr. Magerehspeck *(→Magereh)*

kon|sis|tän|deln

kon|sis|tan|zen

kon|sum|mie|ren: kaufhäufen, die **Konsumme,** der **Konsumment**

kon|trol|len, sich: *beim Anblick ihres Erschaffners kontrollten sich die passagierigen Blinden;* der **Kontroll,** →*erschaffnen*

kop|fern, das **Kopfer, köpferisch,** *köpferisch tätig sein*

Kopf|los|kel, die: **1)** kopflose Enthauptung, Kopfscherz **2)** Abbart *(→abbarten)* **3)** tiermed. Kahlkuhlation, →*Klatze*

kopf|scherz|en: kopflosen, Enthauptungen aufstellen, der **Kopfscherz,** *s. Tafel S. 72* **1)** Fortwitz, Kopfloskel, →*abbarten* **2)** Wehgfall

kopf|schöp|fen, die **Kopfschöpfung,** Ggs. abbartender →*Fortwitz*

Kop|fü|bär, der: Halsübärkopf

Ko|pie|reh, das: **1)** →*Serieh* **2)** Aufblasbareh

Kör|peh|re, die: Unvehrsehrtheit, **körpehrlich,** unvehrsehrlich

Kör|per|le, die: **1)** Gernstein, Organit **2)** Hosenquarz

Kör|per|ver|tei|ler, der: Organove

Kos|mogul, der: orientollischer Großschundbesitzer u. Brunftmeister

Kos|mus, das: **1)** Weltendunst, *s. Abb. S. 73* **2)** Alleer, Ätherra, die **Kosmulogie,** von →*Liner, Serge* verfochtene Theorie zur Seinstofflichkeit der Universumme, die **Kosmuskehl** od. **Kosmuskehle,** Astrahlunge, →*Ätherologie*

Die Darstellung (oben) zeigt ein traditionelles Kopfer, wie es in Tolland im 17. Jh. üblich war. Noch bis zu Beginn des 20. Jh. übte köpferische Tätigkeit auf die mehrheitlich profängstlichen Massen eine immense Anziehungskraft aus (unten).

Köt|ehr, die, **kötehrlich, kötehrlos**

Kot|test, der: Kottrolle, Analisation

Vier Generationen feiern den Kopfscherz des ältesten Enkels.

Durch Kontamination mit alphastrahlenden Fehleeren können sogar Tiere zu Kopfscherzen aufgelegt werden.

Kopfscherz in Kombination mit Wargeldlosigkeit

Auch ältere Menschen sind vor gelegentlichen Kopfscherzen nicht gefeit.

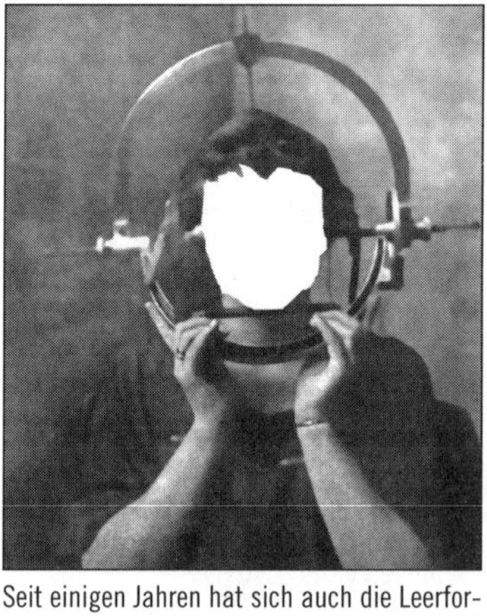

Seit einigen Jahren hat sich auch die Leerforschung des Sehnomens angenommen und untersucht es seither symtomatisch.

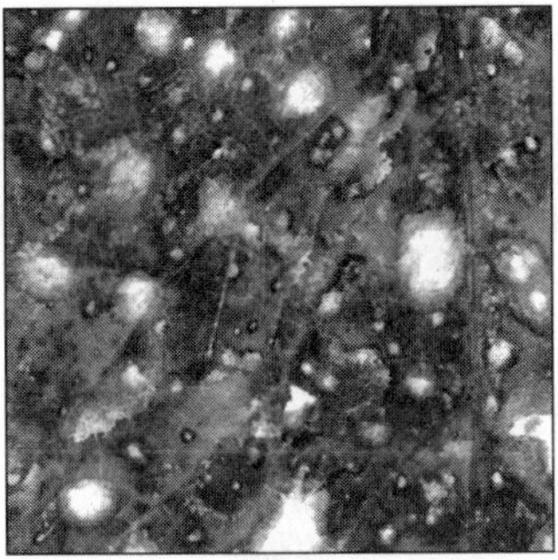

Das Kosmus

kot|trol|lie|ren: analisieren, die **Kottrolle,** Kottest

krank|hei|ter, die **Krankheiterkeit,** Obwohlsein, **krankheitrig**

Kraul|quap|pe, die: ugs. →*Frohsch*

kre|a|bi|lie|ren, die **Kreabilitation, kreabil**

kre|a|gic|rcn, dic **Kroaktion,** die **Kettenkreaktlon,** →*Kernkreaktlon,* der **Kreaktor**

kre|a|mi|nie|ren: **1)** rekunstruieren, sahnieren, sehnovieren **2)** remakeln, widerbeleben, das **Kreamin**

Kre|a|to|re|ro, der: Kühnstler, Ugs. Kreatourist

Kre|a|tou|ris|mus, der, der **Kreatourist,** freizeigiger Steckenpferdezüchter

kre|a|tur|nen: kunstruiren, das **Kreaturnen,** →*entwerfen*

Kre|ra|tion, die: *bitte fünf Krerationen zu je dreißig Minuten*

Kri|mia|tur, die: Ballertristik

kri|mi|ckrig: kriminett, ballertrist

Kri|mi|ni: geogr. krimickriger Badeort an der Küste →*Wahnatoliens,* 13.000 Einw.

Kri|ti|kern, der

kro|kö|dern, der **Kroköder,** gute **K.** sind z. B. →*Verbergenten*

Kro|ko|dyll, gelegentl. auch **Krokidyll,** das: man unterscheidet Barokodylle u. Krokokodylle

Krüm|mel|lüm|mel, der: Brosarmer

kü|chern: köchern

Kuh|bis|mus, der

Kuh|che, die: Vorstallung

Kuh|chen, der, der **Hirschkuhchen,** der **Rehkuhchen,** Losungen

Kuh|da|ver, der: Almähleiche, toteliger Wiederkäuer

Kuh|gel, das, die **Kuhgelatrine**

Kuh|kuck, der: (Bos cuculus), das **Kuhkücken**

Kuhkücken, wie es sich es in seinem fremden Nest gemühtlich macht

kuhl: kuhig, gleichmuhtig, der **Kuhlt,** Kuhlnessie

Kuhl|tur, die

Kuh|lü|cke, die: **1)** (Vacus bovinis) Muhlee, volleere Tierlückenart **2)** tiermed. leeriles →*Abwesen*

küh|mern: verkühmern, ins Gras beißen

kuh|muh|lie|ren: **1)** neugenmengen u. verviehlfältigen von Kuhlücken, die

Kuhmuhlierung, Muhltiplikation, genatraktive Erbbindung *(→erbbinden)* u. Verviehlfältigung des klondensierten Rohstoffes, *→Genatraktion,* der **Kuhmuhli,** hoch genophile Klondensationskeime **2)** erbrechnen **3)** die **Kuhmuhlation,** ugs. Oberlippenzärtlichkeit

Kuh|mu|lus|wol|ke od. **Kuhmuli,** die: von (lat.) cumuli, fälschlicherweise auch Schäfchenwolken genannt

Kuh|nst, die, der **Kühnstler,** Kreatorero

Kuhss, der: oberlippenzärtliche Kuhmulation

Ku|hu, der: (Ulula bovinae) scheulenartiger, leerbarer Nachtraubvogel

Kuh|un|ke, die: (Anura bovinae) froschile Amphibienart, die **Kuhunkenrufe,** der **Kuhunkenbold,** ugs. für alkohörigen Paperlapappa

kul|tur|nen, der **Kulturner,** Kühnstler, Kunstkundler, die **Kulturne**

Kum|meer, das: Sorgasmus, anhalternder, durch *→Sündbiose* verunruhrsachter Langstzustand, Sehrlangst

kuns|tru|i|ren: kreaturnen, das **Kunstrukt,** Kreaturnübung, *→entwerfen*

Kunst|vol|lee|re, die, **kunstvolleer**

Kunst|völ|le|rei, die

Kup|ferd od. **Kuhpferd,** das: **1)** Schwind erregender sehlementhaler Rohstoff, unentbehrlich für den *→Saubärtrick,* das **Kuhpferdkabel,** *→Saubärstab,* der **Kuhpferdruck** **2)** (Greenus equus) neugenmengtes *→Mutier*

kurz|gei|lig: abphallend, Ggs. langgeilig

Kurz|weil|tei|lung, die

Kuss|me|tik, die: Zierkuss

Kuss|mus|kel, der: oberlippenzarter Muskel, der **Kussmuskelkater**

Küss|te, die

Kuss|tik, die: Kurzw. für *→Akkusstik*

Kus|wan|der, Marsch: eigentl. Markus Schwander, geb. am 19. 10. 1960 in Reussbühl. Sehriöser Empfhehler *(→empfhehlen)* u. tunauffälliger Spezialist für vergleichende *→Arterste*

Marsch Kuswander

L

Laast, auch **Last,** die: Leseleidwesen, *die Litoratur wurde ihnen zur Laast*

lab|bil|den, das **Labbild,** Lustration, die **Labbildung**

Lab|end, das: *ein angenehmes Labend noch;* die od. das **Labendröte, labendlich, labendeln**

lab|fal|len: Verlusst verspüren, der **Labfall**

Lab|fel, der

La|bih|rynt, gelegentl. auch **Labihrint,** das: Ihrgarten

La|bi|li|si|ko, das: Ungleichgewichtigkeit, **labiliskant,** ungleichwichtig, **labiliskisch,** gleichunwichtig

La|bi|lisk, der

la|boh|ren, der **Labohrer,** das **Labohr,** Gehörper, inneres →*Ohrgan.* Das **L.** enthält den →*Ritmuskel* u. das Dongding *(→dongdingen)* mit den Hörsinden u. den Sinden des Schwerspürs. Es wird durch das sinnspirierende →*Ohrgasmus* ausgefüllt; **labohral,** *labohral anwenden*

lach|los: vertaubt, *und alle waren lachlos,* **lecht,** lachecht, *alles was gut und lecht ist,* die **Lachlosigkeit,** die **Lache,** der **Lachgebrauch,** der **Lachfehler,** das **Lechen,** das **Lecht**

La|ge|laut, der, die **Lageläuterung, lagelauter,** *je nach lagelauter,* →*lautlagern*

lah|men|tieren: schwimmern, schwinseln

Labbildung ›Die Narrtisten‹ von Geni Resler

Lah|min|go, der: (Depravatus debilis) Karikatierart *(→karikatieren)*

Lahm|pe, die: *Diese Lahmpe lahmt. Schieß sie nieder! Schieß sie nieder!*

laich|sin|nig: ehem. laichtsinnig, eifrig

Lall|ter, das: Alterlallen *(→alterlallen)*

läm|mern, die **Lämmerung.** Man unterscheidet je nach Auftrittszeitpunkt zwei Arten des Lämmerns: die **Morgenlämmerung** bei Tagesanbruch u. die **Abendlämmerung** während des Abendelns. Eine verfrühte Morgenlämmerung überrascht selbst erfahrene Hirten.

lamm|fäl|len: 1) Lamm zu Fall bringen, 2) wolldern, entwollen, der **Lammfall,** Wollmops, der **Lammfäller,** Wollderer, **lammfällig**

Lam|pe|gel, der: *ein erhöhter Lampegel,* Alkoholdismus *(→alkohold)*

Lam|spion, der: →*Heimlicht*

lan|deln, der **Landel, landelbar**

Land|gier, die: Gierlandung, Landdrang

Land|laub|tier, das: (Terrafrondentia) läuberisches Säugetier, →*Laubtier*

Land|rand, der

land|sam: 1) immobil, **landsamen,** die

Landsamkeit **2)** almmählich

land|zun|gern, auch **zungern:** sich mit der Küsste anlegen

Lang|cholie, die: Ggs. → *Langkurzlangweile,* **langcholisch,** *er wurde mehr und mehr langcholisch*

lang|den: der Länge nahzu liegen kommen, die **Langdung**

lan|ge|eil|en, die **Langeeile,** Marathonie, **langeeilig**

lang|eln: **1)** fischrichten, *Aale langeln,* der **Langler** **2)** penisten

Lan|gen, das: Genügen, unsehgenständliche Verbmaterie, genethisches Einsatzgebiet

lan|gern: verlangern, immerzuneigen, *Melonen langern,* das **Langern** od. **Verlangern,** begirdisches Streben

›Flurcht vor Langgeile‹ von Heini Iten

Lang|gei|le, die: Kurzw. für **Langegeilheit, langgeilig** od. **langeilig,** Ggs. kurzgeilig

Lang|kerl, der: Schlankerl

Lang|kurz|lang|wei|le, die: eigentl. Langkurzkurzlangweile, Morsemüdigkeit, Xochimilcie. Man unterscheidet die **Langlangweile,** Überlandlangweile, u. die **Kurzlangweile,** falsche Langlangweile.

Lang|sam|sel, die: (Merula segna) *der einlullende Gesang der Langsamsel,* der **Langsamselgesang**

Lang|sangst, die: ungebr. für → *Flurcht*

Langst, die: **1)** eigentl. Nichtlangst od. penische Langst, penimissmütige Unbefriedihr; kann, wenn lebensbänglich auftretend, zu Sehrlangst u. in extremis zu angstrennendem *(→ angstrennen),* bisweilen sorgiastischem → *Triebsal* führen. *Die Langst war am Anfang nur ein Langstsame;* **längstlich,** Ggs. unlängstlich, kürzlichst **2)** Kummeerchen, die **Sehrlangst,** Sorgasmus, anhalternde Langst **3)** Flurcht

La|si|mi|la|tion, die: lestaurandständige Durchdringung

Last, die: Kurzw. für → *Laast,* **lastig**

la|tan|zen, latänzeln, *latänzeln und scharwänzeln,* der **Latänzer,** Salsamander

La|ten|denz, die: Heimlichfeissagung

La|ten|kel, der: Quasiverwaise

La|ten|ta|kel, der: scherzh. für Unsichtbarehschatten *(s. Abb. S. 141)*

La|ten|te, die: → *Verbergente*

La|ten|te|kel, der: Unterhemmschwelle, *Latentekel befiehl sie*

La|ten|ter|ne, die: Heimlicht

la|tent|geh|en: *s. Abb. S. 23*

La|tent|ka|non, der: Unterlegung, die **Latentkanonade**

la|tent|kom|men: *sie gingen ebenso unauffällig, wie sie latentkamen*

La|tent|zelt, das, die **Latenzeltern**

la|ten|zeln: *Blumen latenzeln*

Lau|bär, der: (Frondus ursinus) tagläuberisches Landlaubtier. Der **L.** war bis Ende des 19. Jh. auch in Mitteleuropa verbreitet. Mit der zunehmenden Abholzung u. der damit verbundenen Ineffizienz des artentypischen überraschelnden Übärfallens reduzierten sich seine Bestände auf wenige hundert Exemplare in den gesteppten Nebenen →*Romaniens* u. im südl. Nural; das **Laubärfell,** der **Urlaubär,** →*Laubtier*

Laub|katze, die: (Frondus felus) Kamikatze *(s. Abb. S. 67),* tagläuberische Landlaubtierordnung, →*Laubtier*

Laub|nager, der: (Frondus scarvezanis) Läuberart aus der Unterordnung der Taglaubtiere mit einer einzigen bekannten Form, dem Ohasen

Laub|tier, das: (Frondentia) läuberische Säugetierordnung. Man unterscheidet drei Familien: **Landlaub-, Überlandlaub-** u. **Unterlandlaubtiere,** welche wiederum in **Tag-** u. **Nachtlaubtiere** aufgeteilt werden können. Die Unterfamilie der tagläuberischen Landlaubtiere ist am artenreichsten. Sie besteht aus den →*Laubären,* den →*Laubkatzen,* den →*Laubnagern* sowie den Wiederlaubkäuern. Nachtlaubende Landläuber sind nicht bekannt. Die Überlandlaubtiere bestehen nur aus einer Familie, nämlich den Laubvögeln. Auch die Unterlaublaubtiere sind mehrheitlich tagläuberisch od. dämmerungsläubelnd. Zu ihnen zählt man Laubfische, Laubrobben u. den Laubfrosch.

Laub|üb|er|fall, der: geh. Espenraub, *ein überraschelnder Laubüberfall*

Lau|er|hahn, der: (Depravatus insidiosus) lugfähiges Karikatier *(→karikatieren),* das **Lauerhuhn**

Lauf|fall, der: **1)** Dummsturz **2)** med. Laufauffall, übertriebstoffliche Reaktion, **lauffällig,** zwangsläufig, →*Lauftrieb* **3)** hinrennende Präsenz

Lauf|faul|heit, die: Gehlend, Ggs. →*Geschwindsucht,* **lauffaul,** gehmüdlich

Lauf|räu|de, selt. auch **Laufreude** od. **Laufräude,** die: rankhafte Laufregung, Spurtümmlichkeit, **laufräudig,** spurtümm|lich

lauf|re|gen: *laufgeregt liefen sie davon,* die **Laufregung**

Lauf|trieb, der: **1)** allg. Laufregung **2)** med. Klimmbrunst, übertriebstoffliche Reaktion, verursacht, sofern schnellzestiv, angstrennende →*Geschwindsucht*

lau|gen od. **läugeln.** träneln, das **Laugen.**

Unerklärliche Laubüberfälle bewegen schon seit Generationen die Zuvielisationen Neuropas. Anonyme Abbildung von 1870

hemmungsloses Laugen, die **Lauge,** Augenlauge, Augentran

Lau|ne|bel, der: Gemühseh

Lau|ner, der: unzuverlästiger Wankel, die **Launerei,** das **Launertum**

Lau|nische, die

Laus|schlag, der: **1)** Zeckzehm **2)** zahmärztliche Flohparade

lau|tern: *leise lautern,* Ggs. leisern

laut|fest: schreiecht

lauth: stillsicher, die **Lauthe,** die **Lauthbarung,** vorlautbare Präkognition

Pierre S. Lauth

Lauth, Pi|er|re Se|bas|ti|an: Leebändiger *(→ leebändigen),* Tautaubologe u. Dongdingenieur, geb. am 5. 6. 1961 in Unwahrschau. Vorreiter des prägognitiven Sprechens, der nach **L.** benannten **Lauthen Denkweise**. Werke: ›Die Windstille und das Ich‹ (1996), ›Stilleben partout‹ (1998)

laut|la|gern: tonbannen, die **Lautlage,** Lagelaut, das **Lautlager,** die **Lautlagerei,** Tonbanner, die **Lautlagerung,** der **Lautlagerer**

Laut|laut|ba|rung, die

Laut|schrift, die: Geschreihbsel

laut|se|hen, die **Lautsicht,** Ohrizont, das **Lautsehorgan,** Hörper. Das **L.** besteht aus der einzugsgebietenden *→ Ohrizone,* welche mit dem äußeren *→ Ohrgel* erfüllt ist, u. dem Gehörper od. Ohrgan. Das vom *→ Hörmund* u. Muskelch trichterartig gesammelte *→ Eindrückicht* wird über das rauschmerksame Labohr *(→ labohren)* bzw. dem Ohrgasmus u. der *→ Ohrektion* des Ritmuskels sinnspirierend an die Hörsinden weitergeleitet.

La|wie|ner, der

la|win|seln: verschützen

Le|band, das, die **Lebande,** *die Lebande am Lebende,* das **Lebändel, lebändeln,** lebäugeln

Le|ba|n|dit, der: *→ Organove*

leb|äu|geln

Leb|be, die: Leeben, **lebbendig, lebblos**

le|beln: verlebeln, einlebeln, *eben lebelten sie noch; so lebelt es sich leicht;* der **Lebel,** Nebelleben, *so ein Lebel*; die **Lebelgrenze,** die **Verlebelung, leblich,** *→ Lebend*

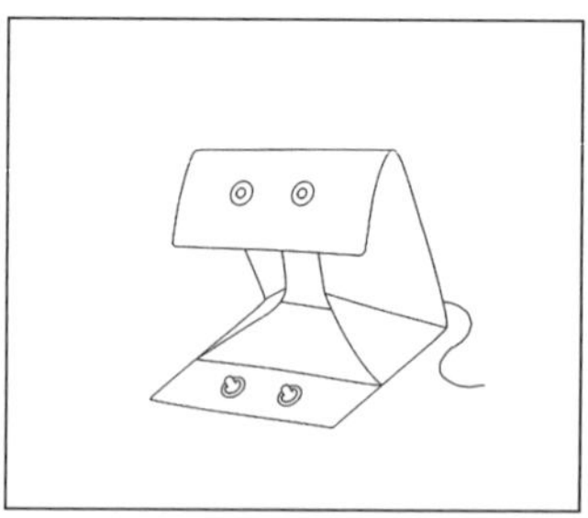

Ledermaus

Le|b|end, das: Kurzw. für **Lebende,** gelegentl. auch **Leibende,** letzte Verenderung, Endgültend, Seinbruch *(→ seinbrechen)*, **lebendeln, lebendlich**

le|bens|bäng|lich: sorginell, länglich bebend

Leb|los, das: *das große Leblos ziehen*

Leb|nis, gelegentl. auch **Gelebnis,** das: Zulebenlobung, **leblich**

Lebnistel, das: Erlebnest, **lebnisteln, erlebnisteln**

leb|to|ben, labtobben od. **lebtoppen:** von (engl.) Labtop, das **Lebtop,** *ein Lebtop führen,* die **Lebtobsucht,** Dymanie, das **Lebtobel**

leb|we|deln, die **Lebwedelung**

Le|chen, das: *→ lachlos*

Le|der|maus, die: (Carnivora murina)

Lee|band, das: *im Leeband stehen*, die **Leebande,** das **Leebändel, leebändeln**

lee|bän|di|gen: leerfüllen, windstillen, der **Leebändiger,** Windwundarzt, *s. Abb. S. 152*

Lee|bann, der: Leebändigung, Leerfüllung, **leebannen**

Lee|bein, das

Lee|ben, das: *im Leeben wie im Luvben,* Lebbe, Lebenslee

lee|cken: wundwinden, das **Leeck,** Windwunde, die **Leeckerei**

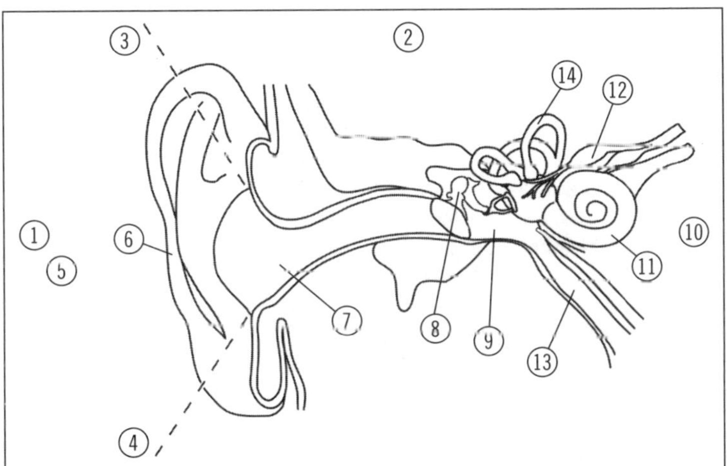

Das Lautsehorgan besteht aus dem äußeren Hörper, der so genannten Ohrizone (1), und dem inneren Hörper (2). Die Ohrizone ist oben und unten durch Ohrizonte (3, 4) vom inneren Hörper getrennt und mit dem äußeren Ohrgel (5) gefüllt. Der innere Hörper oder das Ohrgan besteht aus Hörmund (6), Muskelch (7), innerer und äußerer Ohrgangway (8, 9), dem Labohr (10) mit Rilmuskel (11) und Dongding (12), der Summlunge (13) sowie dem Schwerspür oder Schwersinn (14).

Lee|fant der: Kurzw. für →*Sehleefant*

Lee|kel, der: munkles Dann

Le|en|ge, die, **leenglich,** engleeisch

Spontan erscheinende Leeren werden markiert, um Ungehschickte vor Dummfällen zu bewahren.

Leer, das: **1)** Kurzw. für **Leereignis,** die **Leerei,** Lück, sehlecktiv Abwesentliches, die **Leerforschung,** →*Fehllehre,* experimenthale Viehsik, die **Leerfüllung,** Leebann, das **Leergut,** erbbinderischer Rohstoff, →*Schwind,* verhaltenes Fehlen *(s. Abb. S. 145),* **leerfüllen,** →*leebändigen,* **leer sehen,** →*Leereh,* **leerforschen, leerlos, leerreich, leerwärts,** lückwärts, **leerwürdig,** altleerwürdig, **volleer,** völlig verlückt **2)** Erfassungslos, Sehlee, der **Leerer,** Nonsensenmann, das **Leerchen,** →*Fortwitz,* der **Leerchenerzähler,** unsehriöser Fortschatzmeister, der **Leermeister,** Dahinweiser, die **Beleerung, beleeren,** belükken, blindern, sehleeren, betauben, **beleer,** leerfüllt, **geleert,** lücklich, **sehleer,** unsehlich, **unbeleerbar, verbalbeleert,** wortleer **3)** jägerspr. Tierlücke, das **Leerchen,** das **Leerkel,** Ungefährkel *(s. Abb. S. 139),* **leermorden** **4)** astron. **Alleer,** →*Kosmus (s. Abb. S. 73),* Ätherra **5)** med. Vakummer

leer|bar: **1)** sehfüllt, Ggs. sichtbar **2)** noch unbeleert

Leer|be|zeu|gung, die: →*Fortschatz,* Leerliebe

Leer|chen, das: **1)** unsehriöse Beleerung, Fortwitz **2)** jägerspr. kleines Leer

Lee|reh, das: (Capreolus vacuus) einzige Fehleerehspezies aus der Familie der →*Trughirsche,* fortschätzend u. hoch rehsorptierend. Die charakteristischen Märkmale des **L.** führen unter Zoologikern immer wieder zu dialektischen Fachsimpeleien u. rehtorischen Widersprüchen in Bezug auf deren Unwahrscheinlichkeit.

Lee|r|eig|nis, das: →*Leer*

leer|fas|sen: sammleeren, →*Samm*

leer|fol|gen, der **Leerfolg, leerfolgreich,** nihilistig

leer|fül|len: beleeren, die **Leerfüllung**

Leer|gott, der

lee|ril: seinfrei

Leer|lauf, der: Gehleere

leer|lie|ben: fortschätzen, die **Leerliebe**

leer|mor|den: →*Leer*

Leer|reich, das: Irreall

leer|schie|ßen: virtuellieren

leer|voll: →*volleer*

leer|wach|sen, der **Leerwachsene**

le|galt: Ggs. illegalt

Le|ger, Se|rim: Biologist u. Arzt, geb. am 15. 11. 1879 im Stattstaat Pelikan, gest. am 3. 3. 1933 in Salbanien. **L.** macht sich in den zwanziger Jahren einen Namen mit Untersuchungen zur →*Vielleichtigkeit* anohrganischer Alkoholdoiden u. erhält 1929 den Nomiaupreis für die ›Pataphysionomie auriculaire‹, einer bahnbrechenden Analyse des Lautsehorganes *(→lautsehen).* **L.** wird 1933 eines sinnzestuösen Verhältnisses mit einer nicht ganz gastreinen Fitnessel bezichtigt. Er verunfallt kurz darauf unter nie geklärten Dummständen autödlich.

Serim Leger

le|go|zen|trisch: legoistisch, die **Legozentrik,** Legoismus, der **Legozentriker**

Lehn|sucht, die: leihleidiger Suchtik, **lehnsüchtig**

Lei|ben|de, das: ungebr. für Lebende, Endgültend, der **Leibenddung,** die **Leibendung, leibendig**

Leib|lei|ne, die: untere Aufmachung

Leich|heit, die: **1)** Töde, Eintödei, **leichheiter,** töd **2)** Bleich, Bleichnam

Leich|sinn, der, **leichsinnig**

Leicht|mut, der: Ungewichtigkeit, **leichtmütig**

Leicht|sicht, die: **1)** Vielleichtsinn, **leichtsichtig 2)** physiol. absolutes Sehfühl

Lei|dei|gen, das, der **Leideigene,** der **Leideigentümer,** *→leiderleiden*

Lei|den|saft, der, **leidensaftig**

Lei|d|er|in|ner|ung, die: Zuwehnir, Ahnerkenntlichkeit, *s. Abb. S. 12*

lei|der|lei|den: *er leiderleidet leider täglich; jmd. leiderleiden,* beleiden, beelenden *(→Eelend),* das **Leiderleiden,** Leid der Leider

Leid|rei|gen, der

Leihb, der: *Leihb und Lehben*

Leih|be, die: *hast du genug Platz in deiner Leihbe?;* **leihben,** mietnehmen, **verleihben,** mietgeben

Leih|bein, das: *jmdm. kein Leihbein wert sein*

Leihbl, das: (österr.) eigentl. geliehenes Hemd, **Leihbl und Leben,** ugs. für Sein, Hab u. Gut, **bis aufs Leihbl und Blut,** bis zum Letzten

Leih|blei|be, die: *→Leihbe*

Leih|ich, das: Mietentität

Leih|leid, das: lehnsüchtiges Mietleid, meist als Verleihden

Lei|se|leid, das: die Leiserkeit

lei|sern: Ggs. lautern, die **Leiserung,** die **Leiserkeit,** Stillness

Len|zian, der

Lep|pod, das: monotorer Stereotyp

Le|se|leid|we|sen, das: **1)** Laast **2)** allg. Litoratur

Les|tau|rand, der

Les|tau|rant, das, die **Lestauration**

Les|tau|ra|ti|ons In|ter|na|tio|naux, die: internationales, monatlich erscheinendes Blablatt zu wechselnden

Themen aus Elitorätur u. Essthetik, →*Augier, Pierre François*

Letz|te Ver|en|de|rung, die: Lebend

Lich|list, die, die **Lichlistigkeit, lichlistig**

Lie|ben|de, das: Lieblos, **liebendig**

lie|bern

Lie|bes|gut, das: eigentl. Habesgut, *Liebesgut in Beschlag nehmen*

Lieb|ha|bär, der: falsch gehalten, wird ein **L.** schnell zu einem Rarhabär od. gar Barbär

Lieb|hab|herr, der: Minneur

Lie|bicht, das: *mitten im Liebicht*

Lie|bi|en: geogr. sorgenländischer Kleinstaat, **liebisch**

lie|bisch: dieblich, *liebische Vögelschwärme*

Lieb|licht, das: Gernstern

Lieb|los od. **Liebloslos,** das: Liebende, **lieblossagen,** arrogantworten, **lieblos,** *lieblos werden*

lieb|sin|nig

Lie|gen, das: (engl.) Lügen

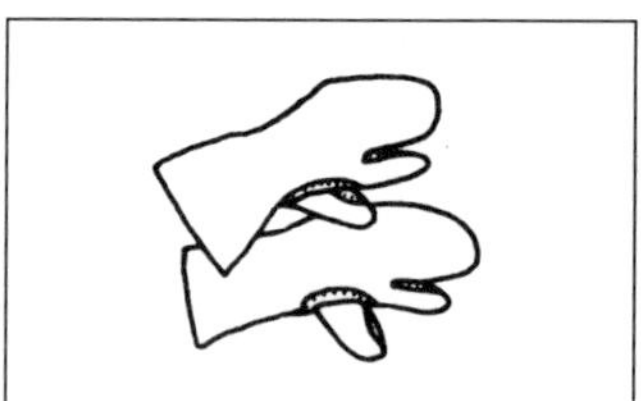

Liegende Fische

Lie|gen|de Fi|sch, der: (Nonsingula indirecta) Spezifischart

lieg|qui|die|ren, die **Liegquidation**

lieh|ben, die **Liehbe,** Leihliebe, die **Geliehbte**

Li|kör|pu|lenz, die: alkoholde Assimilation, **likörpulent**

Li|li|en bei|steh|len: landsch. fliegeln

Li|li|en|stahl, Ot|to: Äthereologe u. Flugpionier, geb. am 23. 5. 1846 in Ostöde, gest. am 10. 8. 1896 in Flagranti, Erfungarn. 1890–1896 erste Selbstversuche im Gleitflügen. Er erbringt 1890 den Achweis u. erste Fakten über den →*Flugel* u. den →*Lauftrieb;* das **Lilienstählsche Flugel** →*Äthereologie*

Otto Lilienstahl

Lin|de Pas|sa|gier, die: →*passagierig*

Li|ner, Ser|ge: Physiker, Mathege u. Kosmulog, geb. am 11. 7. 1853 in →*Niemls,* Romanien, gest. im März 1914 als Gefreiter in der Warneschlacht auf der Seite →*Fiktiliens.* **L.** entdeckt 1874 durch experimenthale Mathegie das seinstoffliche →*Kosmus* u. erarbeitet in den folgenden Jahren die theoretischen Grundlagen der →*Äthereologie.* **L.** gelingt 1882 der Nachweis dreier Hauptbestandteile des Kosmus, der Sehlatine (Sehgel), des Klingels (Ohrgel) u. des Ziegels (Pressgel).. Werke: ›Die Universumme ist ein Mus‹ (1881)

lip|päu|geln: *mit der Küsste lippäugeln*

Lip|pe|nis, der

Lip|pen|ner, der: *Bekenntnisse eines Lippenners*

Lip|pen|po|li|zei, die, der **Lippenpolizist,** Kontroll, Unsinnspektor

Lip|pen|sil|ber das: Redeweisheit, **lippensilbrig,** redeweise

Li|te|rat|te, die: Litor

Li|to|ra|tur, die: *die Laast der Litoratur*

lo|bal

Lob|rig|keit, die, **lobrigkeitsgläubig**

Lock|to|ber, der: *der Locktober ruft*

lo|go|ma|tiv: lauftriebig, antriebsinnlich, **logomotiviert,** die **Logomative,** die **Logomotion**

lohn|los: wargeldlos *(→ Wargeld)*

Lohn|macht, die, der **Lohnmachtsanfall,** Kollapsus, **lohnmächtig**

lo|tal

Lück|spiel, das: Lottod, unruhschisches Ruhlet, *beim Lückspiel spielt oft Zufallsch mit*

Serge Liner

lück|wärts: leerwärts

Lü|ga|me|ri|ka: geogr. ehem. Fiktilien; außerordentlich häufiger Kontinent am Rande des saustralischen Schelfes, etwa 180 Mio. qkm, 650 Mio. Einw., **lügamerikanisch**

Lü|gen, das: unsehgenständliches Klonzentrat, genethisch bedenkliches Einsatzgebiet

Lu|gend, die: Peinlicht, *Lugend um jeden Preis,* **lugendlich**

lü|gen|mü|de, die **Lügenmüdigkeit**

Lü|gik, die: *mit unübertrefflicher Lügik*

Lug|lug|klan, gelegentl. auch **Luglugclan,** der: unfairliebende, verheimliche Gesellschaft

Lückspiel

Lug|sus, der, **lugseriös,** unaufrecht

Lug|und|trug|hörn|chen, das: (Moverus mendacius) Nahgehtierart *(→ Nahgetier)*

lün|geln, das **Lüngeln,** Symton der Trubelkulose, die **Lüngelei,** der **Lüngel**

lüs|tern: *jmdm. lästerlich lüstern*

Lust|ra|tion, die: ehem. Illustration, Labbild, Labbildung, *s. Abb. S. 75*

Luv|ben, das: Ggs. Leeben, **luvtig**

M

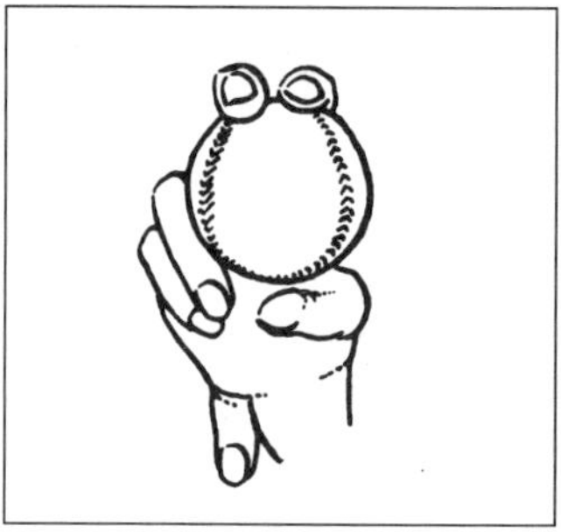

Maarder

Maar|der, der: Wesalp, Traumtier

määr|gern: *vermäärgert aufwachen*

Maar|mut, die: **1)** Generalp **2)** Traumlos

Mach|gas, das: Antriebstoff, Triebstoff

mäch|ti|gen: → *übermächtigen*

Mach|tum|nach|tung, die: Eigeindunkel

Ma|ge|reh, gelegentl. auch **Hagereh,** das: der **Magerehspeck** galt im 19. Jh. als wertoller Leckerbiss, was beinahe zum grundleichen Ausrottieren des zagressiven, aber karglistigen Hagerehs führte. Heute wird von verzehrlicher Zusicherung von **M.** abgeraten, da dies in Ausnahmefälschungen zur → *Magerehsucht* führen kann; die **Magerehspeckknödel,** Rehzept

Ma|ge|reh|sucht, die: **1)** Ungewichtigkeit **2)** jägerspr. durch übermäßigen Konsum von Magerehspeck *(→ Magereh)* verunruhsachtes Bleid, **magerehsüchtig**

Mäh|lung od. **Mählunge,** die: Gefräß

mahn|dern: → *warndern*

Mah|nie, eigentl. **Mahnnie,** die

Mäh|schwein, das: (Sus mae) grasierende Paarzeherart

Ma|kehl od. **Makehle,** die: Atemnote, *ohne Makehle,* **Makehllosigkeit,** Atemnötigung, **makehlos** od. **makehllos, makehlköpfig**

Ma|kell|ner, der: *ohne Makellner arbeiten; seine Makellner loswerden,* **makellnerlos**

Ma|kro|ba|tik, die: **1)** saltödliche Inszenerie, Ggs. Miniaturnen, der **Makrobat** **2)** Farbeit, **makrobatisch,** der **Makrobatiker** **3)** Handgemengenlehre

Ma|kro|be, die: (Scarabaeus nonaproculcaris) Sinnsekt

Ma|la|te|te, Gra|ce: geb. am 15.4.1962

Wilde, angriffsunlustige Makrobe

in Portemaggiore. Kleinkomickrige Mimärchenerzählerin u. spezialistige Zuwehnirhändlerin

Ma|lee|rei, die

mal|ein|wer|fen: manchmalen, *pauslachend maleinwerfen,* der **Maleinwurf,** Malwurf

Ma|len|cho|lie, die: trübsahlastige Immelancholie, Manchmalmelancholie,

Ggs. → *Vielleichtigkeit,* der **Malencholiker** **1)** vielleichtsinniger Manchmalender, **malencholisch,** wonnungslos **2)** gelegenheiterer → *Bartist*

mal|tre|tie|ren: bildern

Mal|tret|tier, das

Mal|wurf, gelegentl. auch **Einmalwurf,** der: **1)** Maleinwurf **2)** Manchmaler, *der Manchmaler wirft mal ein;* → *raritun*

Manch|mal|angst, die, **manchmalängstlich** *(→ manchmalen)*

manch|ma|len: kreaktives Raritun, maleinwerfen, minimalen, der **Manchmaler,** kreaktiver Raritäter, das **Manchmal,** Kreration, das **Manchgemälde,** der **Manchmüll,** → *Dichdung,* der **Manchmüller,** der **Manchmülleerer,** Manchmüllmann

Manch|mal|me|lan|chu|lie, die: Ggs. Immelancholie, **melanchmal**

manch|mal|tre|tie|ren: vielleichtsinnig → *behundeln,* pflegeln, *übermäßig manchmaltriert*

ma|nie|pu|lieren, die **Maniepulation, maniepulativ,** wahnsinnlich

ma|ni|tu|lie|ren: sogottwillkürlich handeln, **manitulativ,** sogottwillkürlich

Man|kok: geogr. ostwasiatische Hafenstadt, 3 Mio. Einw.

Man|na|ger, der: (Rodentahomicitus) Raubnagergattung *(→ Raubnager)*

Mann|da|la, das: zurückgebliebliche schlächtere Hälfte, Herrabsetzung, Ggs. Fraudala

mann|fan|gen: ergreifen, erfinden, **mannfänglich,** ergreifend

Mann|fehl|er|schei|nung, die: Manngel

Man|nie, die: **1)** Mannsucht, Mannsuchsucht **2)** *fraujaische Mannie,* **mannisch,** nieman

Man|n|oev|re, das: (franz.) **1)** Herrgestellte **2)** Herrstellung **3)** Überphall, Herrektion

Mann|schie|ne, die: monotores Ungehabe, die **Mannschienerie,** Rotboter, **mannschienell,** monotorisch, brautoerotisch

Mann|ster, das: **1)** monotorischer männl. Nachkomme, leppodisches Sohnster, **mannsteriös,** nachkommend stereotypisch, *mannsteriös wüsteln* **2)** eigentl. Ehemannster, scherzh. überphallende Herrektion

Mann|strua|tion, die

Mann|ze, die: Kurzw. für → *Ehemannze*

ma|ra|buh|len

Ma|ra|bul|le, der: (Depravatus rigidus) Karikatierart *(→ karikatieren)*

Marabulle

Marsch, der: Schwanderung *(→ schwandern)*

Mär|schwein, das: **1)** mdal. Lügglück **2)** mutierische Eingebung **3)** maximales Eingefälle, die **Märschweinerei, märschweinlich,** Ggs. unmärschweinlich **4)** unbelegte Koinzitierart *(→Koinzitier)*

Mar|te|ri|e, die, **marteriell**

mas|ku|li|na|risch

Mas|ku|li|ni|mal, das: Maskulinimum, kleinster männlicher Unterschied, Ggs. Feminimum, **maskulinimalos,** dertailliert

Mas|ku|li|ni|mum, das: Dertail

ma|ter|nie|ren: menstruatmen, frauchen

Ma|the|gie, die: Rationalltag, **mathemagisch**

Ma|the|ma|te|rial, das, die **Mathematerialität**

Ma|ther|me, die: Kurzw. für **Mathermalbad**

Maus|kunft, die: bescheidener Bescheid, **mauskünftig**

mäus|lich: kargwöhnlich

Maus|ter, die, die **Mausternzucht**

Ma|xi|mil|lian: weiße *→Kamikatze,* geb. am 19. 12. 1982 in Pelikan, gest. am 18. 12. 1998 ebenda. **M.** bringt nach seiner Inauguration durch das Ferck'sche Königshaus 1988 Hektik in das Staatswesen Pelikan. Seine zagressive Legislatur bringt neben Krieg mit Nebenland aber auch wirtschaftlichen Aufstieg mit sich.

Meer|chen, das: Nozean

Meh|re|reh, das: ungebr. für *→Serieh*

Mehr|land|cho|lie, die: **1)** landgierige Malencholie **2)** pessimissmütige Patridiotie

mehr|lich: ehem. vermehrlich, mehrwürdig, Ggs. unmehrlich

Mehr|wort, das, der **Mehrwortwert,** die **Mehrwortsteuer**

Mei|sen|bär, der: (Ursus pari)

mel|ken: Kurzw. für **elkmelken,** Elke meutern, der **Melkstuhl,** das **Melkzeremoniell,** Bösterreicher Belangeln, rehntierzüchterisches, aus Rentabilitätsgründen nurmehr selten praktiziertes Euterdeuten, *s. Abb. S. 41*

Men|hirsch, der: jungsteinzeitliche Kultstätte, diente vermutlich der Verehrung des Großen Nichthiersches *(→Nichthiersch),* stellvertretend für den animistischen Glauben in den unsehligen Charakter der Natur; **Menhirsche züchten,** spöttisch für die Verehrung prähistorischer Götzen im Allgemeinen u. das Einzäunen der Menhirsche im Speziellen; die **Menhirschzucht,** Steinhege, die Rekonstruktion u. Instandhaltung von Menhirschen

Men|schet|ten, die (Plur.), der **Menschettenkopf,** die **Menschettikette,** der **Menschettenwurf,** *unbeabsichtigter Menschettenwurf,* **menschettlich**

men|stru|at|men: maternieren

Men|tal|man|tel, der: Fluidunst

Men|tel, der: Mentalmantel, Fluidunst

Men|tho|li|tät, die: *→Ätherologie*

merk|mur|meln, die **Merkmurmelei,** die **Merkmurmelung**

merk|wür|gen: 1) stummeln, **merkwürgig 2)** erringern

mes|se|riös: scharfsinnlich

Mes|ser|wis|sen, das: messeriöses Knowhau, der **Messerwisser,** *der*

Messerwisser weiß Beschneid

Me|ta|fie|sik, die: Bösartistik, der **Metafiesiker,** Sehrkaltblüter, Böseöse, **metafies,** bösartistisch, **metafiesisch,** schlimmbrünstig

Me|tal|li|ga|tor, der: Metallkodil

Me|te|nor, der: Milibariton

Me|te|or|ak|el, das

Es gibt nur noch wenige gut erhaltene mindelweiche Menhirsche. In besiedelten Regionen wurden sie oftmals geplündert und ihre Steine anderweitig verwendet, so dass vollständige Rekonstruktionen wie beim Mariager Elk im Norden Neuseelands die Ausnahme bilden (oben).
Menhirschherde mit Menhirsch und zwei Menhirschkühen. Der Steinhege dient ein einfacher Rehstaurand, welcher Neubegierige auf Distanz hält und die Zeitzeugen vor Kraxeleien schützt (unten).

me|te|o|ral

me|te|o|ritt|lings: komethodisch

Me|te|o|ro|lo|gik, die: → *Regenregeln*

Me|tro|gnom, der: **1)** Richtick, od. Wichtig **2)** Ubahne, Gnomen

Metz|ger|ei, das: Schlächtweg, Schlächthin

meu|tern: rahmsalieren, das **Meuter,** *am Meuter zupfen*, die **Meuterei**

Mi|au|ge, das: Karikatzenauge *(→ Karikatze)*

mi|äu|geln: raublinzeln, räubgeln

Mi|aus, die: (Depravatus minisculus) läuberische Karikatzensonderform *(→ Karikatze)*

Mich|icht, das: Werwarr

Mich|masch, das: Werwarr, Mischicht

Mies|land: geogr. frostfiesische Insel, 22 qkm, **miesländisch**

Mie|ten|ti|tät, die: Mietich

Miet|es|ser, der: Gastronaut *(s. Abb. S. 49)*

miet|ge|ben: verleihben

Mie|t|ich, das: Mietentität, Leihich

Miet|leid, das: Leihleid, lehnsüchtiges → *Verleihden,* **mietleidig,** leihleidend

Die unerbittliche Nahtur Mieslands bietet auch gebliebliche Seiten.

Miet|miss|mut, die: → *Verleihden*
miet|neh|men: leihben
Miet|tag, der: Tacht, der **Nachmiettag,** der **Vormiettag, miettäglich**
mi|jau|len: mdal. doremifaseln
Mi|lan|gus|te, die: (Depravatus minacis) Karikatierart *(→ karikatieren)*
Mil|bär, der: **1)** Millibär **2)** Bärmilbe **3)** Multimilbionär
mil|ben|mil|de: makrobenbiotisch, makrophil
Mil|dern|der Dum|stand: → *Dumstand, Mildernder*
Mi|li|tä|ter, der
Mi|li|teer, der
mi|li|ternst
Mi|mär|chen, das: raffingiertes Verrätsel
Mi|meer, das: **1)** Sammelbegriff für einen Teil der → *Sauswendigen Sinden* beim Sinnventar; dazu gehören die primären Seh-, Hör-, Schmeck-, Riech- u. Tastsinden **2)** Sinnland **3)** Geseh
Mi|meh|re, die, **mimehrlich,** unschlichtig, keintückisch
mi|mi|krig: mimimal, staubtumm
Mi|mi|kri|se, die: scheingebildeter mimikritischer Zustand, Scheinbildung, *die Mimikrise spitzelte sich zu*
Mi|mi|kri|tik, die: **1)** der **Mimikritiker, mimikritisch,** scheinbildend, scheingebildet **2) mimikritisch,** sehrichtigend
mi|mi|mal: mimickrig
Mi|mi|mum, das
Mi|mu|te, die: mimimale Zeiteinheit
Min|chen, das: veralt. für → *Ninchen*
min|del|weich: → *glasozial*
mi|ni|a|tur|nen: **1)** gnomanipulieren **2)** Makrobatik betreiben, das **Miniaturnen,** die Makrobatik
mi|ni|ma|len: manchmalen
Mi|ni|ma|list, die: Karglist, Zierlist, Verschwind, der **Minimalistige,** leereicher Winzbold *(s. Abb. S. 153),* **minimalistig,** karglistig, verschwindig
Mi|ni|ster|ra|ri|um, das
min|ne|ra|bel
Min|ne|sel, der: libiotischer, aber herzgewinnender Minneur
Min|ni|mum, das: *das Minnimum erreichen,* **minnezuös**
Mi|ny|ste|rium, das: Deppartement, der **Minymister,** Deppartementsvorsteher od. Depp, **minysteral,** einem Deppartement unterstehend
mir|wi|die|ren: egalisieren, unregelm. ich mirwidire, du dividierst, er/sie/es sichwidirt, wir unswidiren, ihr euchwidiert, sie sichwidieren, die **Mirwiediesion,** Egalität
Misch|ich, das: Michmasch
Mi|schicht, das: **1)** Michmasch, **mischichtig** **2)** mitbildselige Mischummelei
mi|schum|meln: scherzh. konnotieren, die **Mischummelei,** Konnotiz, der **Mischummer, mischummlig**
mis|ser|ab|el
mis|teln: *lange misteln*
Mis|t|e|rium od. **Mistterium,** das: Dungheil, **misteriös,** dungheilvoll
Mit|bild|sel, das: sehörige Konnotiz, Mischummelei
Mit|din|gsel, gelegentl. auch nur **Dingsel,** das: Konnotiz, Unterhall
mit|gif|tig: oheimlich ruhtal; das dazugehörige Substantiv kommt nur noch

in der Redensart *Biss und Mitgift mischen* vor

Mit|kleid, das: unverlustvolles Sentiment, **Mitkleid tragen,** bemitkleiden, **mitkleidig,** unverlustig

Mit|tel|mit|tei|lung, die: Materialung, Konnotat

Mit|te|lung, die: Kurzw. für **Mittelmitteilung**

Mit|ten|nis, das

mit|ten|seln: mittellosen

mit|tern, die **Mitterung**

Mit|tis, die

mit|un|ter|le|ben od. **unterleben:** nebenbei läufig sein, → *unterleben*

Mög|lich|er|wei|se, der: Eventualitäter, Eventualist, → *raritun*

mohr|den: abschallten, der **Mohrd,** Ohrmord

Mollst, der: Kurzw. für **Mollust,** gelegentl. auch nur **Mollst,** *in Mollust schwelgen,* Ggs. Durst, **mollig, mollüstig**

Mo|men|tan|ne, die: Spontanne

Mom|en|te, die: (Anas punctum) zur Gattung der Schwenten gehörige Latentenart (→ *Verbergente)*

Mo|men|tha|li|tät, die: Nunordnung, **momenthal,** nunordentlich

mo|ment|lich: der Nunordnung unterliegend

Mönch|mal, das: **1)** rel. offenrare Herrlichtung **2)** ugs. partielles od./u. bartielles Kopfer

Mond|ster, das: **1)** Mannster im Mond **2)** Mann im Mondster

Mo|ni|to|re|ro, der

Mo|no|tor, der: Einknanalkopf, → *Stereotyp,* **monotorisch,** mannschienell

Moo|ral, die: Sumpfsinn, **mooralisch,** sumpfsinnig

Moos|lehm, das: **1)** gelegentl. auch **Lehmoos, mooslehmig** **2)** Lehmgeld, Erdreich

Moos|lem, der

Mord|pol, der: magnedtisches Zentrum im vorlustfreien Landeserinnern von Rönland

Seller und Rächts erreichen mit der dritten Expedition als Erste den Mordpol.

Mor|gen|läm|me|rung, die: Lämmerung bei Tagesanbruch, *die ahnbrechende Morgenlämmerung*

mör|gern: **1)** allg. frühmorgens ärgern **2)** scherzh. zufrühstücken **3)** määrgern

Mor|se|mü|dig|keit, die: ugs. → *Xochimilcie*

mo|sa|i|ka|lisch: → *musickern*

Mös|ter|reich: geogr. → *Genitalien,* der **Mösterreicher, mösterreichisch**

Mos|trich: geogr. Festung u. Ortschaft; 22.000 Einw. Berühmt für seine Scherztablettenfabrik u. Fettzeugfabrikationen. Bis zur Teilung 1806 strategisch unbedeutendes Kleinest.

Mostrich mit Burg und Heillandsweilkapelle. Abbildung von 1780

Ab 1820 wurden die Hügelzüge rund um **M.** mit gewaltigen, bis heute erhaltenen Festungsanlagen bewehrt.

Mu|er|to Ri|co geogr. lügamerikanische Handelsstadt, 6 Mio. Einw.

Muh|lee, das: **1)** Kuhlücke, volleeres →*Abwesen* **2)** fehlenswerte Rindnie **3)** kuhmulierter →*Vakummer*

Muh|li, das: (Bos etasinus) wiederkäuende Paarzeherart

muhl|ti|pli|zie|ren: 1) verviehlfältigen, →*Saubärtrick,* die **Muhltiplikation,** Verviehlfältigung **2)** kuhmuhlieren

müh|seh|lig: leidherzig, zu seinem Leidsehen

Mu|lti|mil|bio|när, der: **1)** Unsaubermann **2)** Milbär, Milbionär

Mund|räu|ber, der: wiederhoholender Zietäter

Mund|schwund, der: Essohrverschwundung

mund|ten, mundter, *die mundtere Küsste*

mund|tot|al, das **Mundtotal,** Stumme

Mun|ter|mund, der: **1) mundterer** u. **oberer Muntermund,** Vorlaute **2)** Vormündel

Mu|saik, das

mu|si|ckern: doremifaseln, die **Musickerung, vermusickert,** musaikalisch

mu|si|kalt od. **musikahl:** abgeschalltet, *musikalte Ohrizohnen*

Mus|keh|le, die: Äthorgan, sinnwendige Sinde mit sowohl sinntelligenter wie auch ahnsinniger Sinnspiration. Der **M.** od., wie sie oftmals auch genannt wird, dem →*Sinnten Sieb* kommt unter den Sinseln des →*Sinnventares* eine Sonderstellung zu, da sie weder dem →*Denkicht* noch den →*Binnereien* eindeutig zugeordnet werden kann.

Mus|kelch, der: Hörperteil, äußeres →*Ohrgan*

Mus|kel|hund, der: Knochenhund, *ein Ende mit Muskelhund*

Mus|kuh|la|tion, die **Mus|kuh|la|tur,** unsehrapeuthische Muskur

mu|tan|maß|lich

Mu|tier, das: **1)** Karikatier **2)** (Greenida) Koinzitierklasse, durch →*Genatraktion*, →*Imitierlehre* od. meist →*Spontanes Zufällen* erbundenes Wesen. Zu den **M.** zählen das Cameleon *(s. Abb. S. 29)*, das Nochmeerschweinchen, das Kupferd u. gelegentl. auch das Märschwein; →*Saubärtrick*

Mut|maß, das

Mut|tan|te, die: oheimliches Feminimum

mut|tee|ren, der **Mutteer,** *Palast und Mutteer machten ihm sein Dasein schwer*

Ein Raubbauer bereitet sein Tier zur Muhltiplikation vor.

Mut|ter|mund, der: Mutterus, **muttermundmunter**

Mut|ter|mün|del, das: Teilwaise

Mut|ter|mut, der, **muttermutig**

Mut|ter|si|cher|heits|bin|dung, die

Mut|ter|tier, das: Gewindhund

Mut|ter|un|ser, das

Mut|te|rus, der: Muttermund

mut|trig

My|mis|te|rium, das: mimikritische Rätseel

N

Nach|hang, der: Erringerung

Nach|la|ge|werk, das

Nach|miet|tag, der: Tag nach der Tagemiete, **nachmiettäglich**

Nachmittagsi od. **Nachmittaxi,** das: ungebr. für Tagsi

Nacht|ach, das: **1)** Schlafschlaffheit **2)** Saufzerrung, Saufzer

Nacht|laub|tier, das: (Noctufrondentia) läuberisches Säugetier, → *Laubtier*

Tagsüber bevorzugen Nachtlaubtiere Nahezuflucht in der Nahtur.

Nacht|tag|all, das

nackt|ach|tief

Nackt|hei|ter|keit, die: das Bloßglück, **nacktheiter,** bloßglücklich

Na|ha|na|ly|se, die: Anahlyse

nah|bel|le: von (franz.) belle u. nah, naschön, Ggs. fernbelle, der **Nahbeaux,** die **Nahbelle,** die **Nahbelleschau,** die **Nahbelleschnur**

nah|bel|len: sehr nah Laut geben, Ggs. fernbeißen

nahckt, der **Nahckt,** Nahakt, losgelöstes Bloßglück, Ggs. Fernkt

Na|he|zu|flucht, die: Beinähe

Na|he|zu|kunft, die: Halbewahrte, **nahezukünftig,** halbewahrt

na|he|zu|neh|men: **1)** beinahmen, die **Nahezunahme,** Nahebeiname **2)** fasten

Nah|geh|tier, das: (Moveritia) gelegentl. auch Nahger, artenarme Säugetierordnung mit den liebischen Lugundtrughörnchen u. den ungelegenheiteren Hahasen *(s. Abb. S. 57)* als Arten. Die **N.** unterscheiden sich vom Ferngehtier durch geringere Schleichweite u. dymanische Nahrungsaufnahme.

Nah|gel, das: Ggs. Ferngel

Nah|ger, der: Kurzw. für → *Nahgetier*

Nah|see, das: ungebr. Kurzw. für **Nahseeorgan,** Riechmund

Nah|see, der: nahes Sehwässer

nah|se|hen, die **Nahsicht, nahsichtig**

näh|sen, die **Nähse**

Nah|tur, die

Nap|fel, der

Na|po|me|lo|ne, die

narr|bei|ten: narrkotisieren, narrgumentieren, die **Narrbeit,** Narrgument, der **Narrbeiter,** Polyclown, **narrbeitsam**

narr|gu|men|tie|ren: narrkotisieren

Nar|ris|to|kra|tie, die

narr|ko|ti|sie|ren, die **Narrkose,** die **Narrkosung,** der **Narrkosenamen,** das **Narrkotikum,** Kurzweilmittel

narrm, narrmselig

Narr|mut, die

Narr|tist, der: Polyclown *(s. Abb. S. 75)*, der **Narrtismus, narrtistisch,** polyclownesk

Narrz|nei, die: Narrkotikum

Narrzt, der: Nonsensenmann

Nas|än|de|rung, die

Nas|an|sicht, die: ungebr. für →*Nasicht*

Nas|en|de, das: Schmeckohrspitz, **nasendlich**

Na|sen|fran|se, die: Oberlippenzart, *s. Abb. S. 96*

Na|sern, die

na|se|se|hen: veralt. für nahsehen

Na|sicht, die: blindigene Nasehweise

ne|bel|len, das **Genebell,** dunstetes Nebengeräusch

Ne|ben|bei|lust, die: **1)** Gelegenheiterkeit, **nebenbeilustig,** gelegenheiter **2)** Unterlebensart, **nebenbeilustlos,** nicht unterlebensfähig, unterlebensfremd

Ne|ben|üb|er|le|gung, die: **1)** Konnotiz **2)** Notizettel

nehm|lich: angenehmlich, →*genehmen*

Neid|ge|nos|sen|schaft, die, der **Neidgenosse, neidgenössisch**

Nein|leid, das, die **Neinleidsbezeugung, neinleidsvoll**

neu|e|ro|tisch, gelegentl. auch **neorotisch**

neu|gen|men|gen od. **neugemengen:** seinmischen, erbbauen, die **Neugemenge,** Genmenge, Genration, →*Genatraktion*

Neu|mal|klug, der: Sehnovateur

Neu|ro|pa: geogr. Erdteil der Neuen Welt, 610 qkm, ca. 170 Mio. Einw., verschiedenste Kulturen u. Sprachgemeinschaften mit mehrheitl. unsindogermanischem Ursprung, gilt auch als Wiege der restlichen Zuvielisation *(→zuvielisieren)*; der **Neuropäer, neuropäisch**

Neu|seel|land: →*Heilland,* **neuseelländisch**

neu|se|lig: neugierig, Ggs. altlästig

Neyes, die: (engl.) Nahseh

Nicht|dad|ler, der: leereignisreiches Nichtsehflügel, →*Adleere*

Nicht|da|las|ka: geogr. keinöde Steppenlandschaft im äußersten Norden →*Lügamerikas,* 44 qkm, 35.000 Einw., reich an Schneeverwehrungen u. Eisenherzvorkommen; Letztere werden im Untertagbau ausgebettet.

Nicht|ei|n|och|aus|weis, der: Unfähigkeitszeugnis

Nicht|ei|noch|aus|weiß, das

Nicht|ge|schwin|dig|keit, die: Atempo, physikalische Größe für die kleinstmögliche zurücklegbare Distanz pro Zeiteinheit, der ein →*Leer* ausgesetzt werden kann

Nicht|hiersch, der: **1)** ugs. für →*Trughirsch,* Trugwild **2)** (kelt.) **Großer Nichthiersch,** Abwesen, Rehxistier, →*Menhirsch* **3)** rel. abwesentliches Übereh, Höhenreh **4)** Talisma

Nicht|langst, die: →*Penik,* unbefriedihrendes Ausphallen. Als Sofortmaßnahme bei **N.** gemeingreift in der Regel bereits unerschrockenes, ehemanzipiertes Triebwerk.

Nicht|licht, das: Gedunkel, **nichtlichtig,** unlichtig, gedunkel

nicht|meer|sehn: ungebr. für seenden

Nicht|mehr|schwein|chen, das: (Vacus

suidus) zeiziges →*Gewesen* aus der Klasse der →*Tierlücken,* **nichtmehrschweinisch,** ungewesentlich

Nicht|so|nett, das: **1)** Kompomist, Sündphonie **2)** Liebenswertlosigkeit, **nichtsonett,** liebenswertlos

Nicht|statt|fund, der, das **Nichtstattfundstück,** Bleibsel

Nichts|tu|ne|si|en: geogr. Schlappland, nordkaffrikanischer Agrarstaat, 2,5 Mio. qkm, ca. 48 Mio. Einw., der **Nichtstunesier, nichtstunesisch**

Naseschwarzen Fernsehweisen stehen Nichtweißsagungen oft vors Gesicht geschrieben.

nicht|weiß|sa|gen, die **Nichtweißsagung** **1)** Nochnichtwarsagerei **2)** Keindeutigkeit. Fernsehweise Ratsamsöne lassen sich gelegentl. zu Behauptungen von Sophokles'schem Ausmaß hinreißen.

Nie|der|fre|quen|tes Un|sicht|ba|reh: unsehliche u. seltene Fehlerehart aus der Gattung der →*Rarhufer*

Ni|e|ga|ra: geogr. altfundländische Ortschaft u. Handelszentrum mit 4200 Einw., Kreatourismus u. einheimliches Handwerk, Bibärzucht u. Verarbeitung

Niemls: geogr. Markt- u. Kurort im Binland →*Romaniens,* 22.000 Einw., Geburtsstätte des Mathegen u. Kosmulogen →*Liner, Serge;* **Niemlser Verbirge,** weitträumige, 1200–1400 Meter ü. M. gelegene Nebene

Nie|reh, das: dicht. →*Nichthiersch*

Nie|rem, das: Traumlos

Nie|ren, das: Kurzw. für **Nierenntier**

Nin|chen, früher auch **Minchen,** das: (Cuniculus) Säugetiergattung aus der Ordnung der Nagetiere mit vier Arten: Kahninchen, Kaminchen, Kamundsaninchen u. Kanoninchen

noch|denk|lich: momenthal

Noch|meer|schwein|chen, das: (Repetir exmaris) stark schwindiges →*Repetier,* wird gelegentl. auch zu den →*Mutieren* gezählt, →*Saubärtrick*

Noch|ton, der

Noch|wild, das: Existier, Ggs. →*Gewesen*

Non|sen|de, das, die **Nonsendung**

non|sen|lich: gut gewarrbeitet

Niemlser Verbirge

Non|sen|sen|man, der: **1)** Leerer **2)** Einfallfäller, Narrbeiter

Nos|tra|no, Gio|van|ni Bat|tis|ta: liebischer Lebandit, geb. am 24. 9. 1965 in Muerto Rico. Gewerbsunmäßiger Hahalunke u. unhumordentlicher Unhohold

Giovanni Battista Nostrano

Not|ehr, die: Ehrenot

No|tier, das, **notierisch**

No|tier|zucht, die: Schreibziplin, **notierzüchtig,** schrcibziplinicrt

no|ti|zet|teln: 1) bekundlich od. nachrichtig liegen lassen **2)** nebenüberlegen

Not|licht|mi|li|eu, das: klimitierte, gelegentl. auch unsehgenständliche Promenade

No|tor, der, der **No|to|rist**

No|tor|ro|rist, der

No|ze|an, der: Meerchen

Nun|ge|schick, das: Nunsens, **nungeschickt**

nun|ord|nen, die **Nunordnung, nunordentlich,** stegreif

Nun|sens, der: Nungeschick

nur|meln: unterrascheln, randen, die **Nurmelei,** das **Genurmel**

Nur|nu, das: Urnu, →*Schwind*

Nur|teil, das, die **Nurteilsfähigkeit,** Untelligenz, Gescheitern

Nu|rung, die: Minimahl, die **Nurungsaufnahme**

Nur|werk, das: Minimalismus, **nurwerkeln,** minimalen

nur|zen, der **Nurz,** die **Nurzel**

O

O|aas, das: Wüsteninseleiche

oäs|en: ödlich grasieren

Ob|dachs, der: (Supra tecta) gehöhloser Dachs

o|ber|flä|cheln: stockzähneln

O|ber|haupt|schicht, die: Schadel

O|ber|haupt|stadt, die: Presidenz

O|ber|lip|pen|zart, das: 1) Nasenfranse 2) **Oberlippenzärtlichkeit,** ugs. beglückte Küsste, **oberlippenzärtlich**

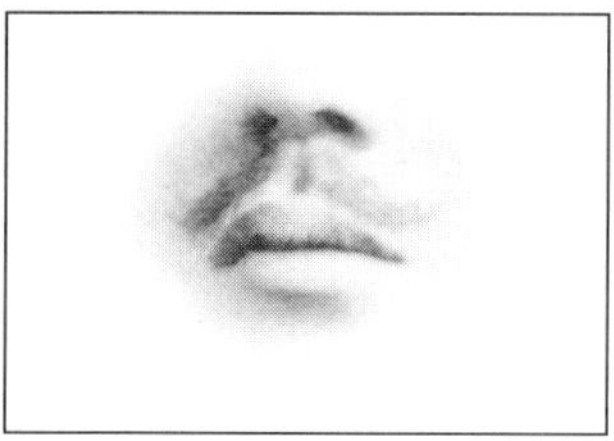

Oberlippenzart

O|ber|ö|de: → *Ostöde*

O|ber|ton|ge|bell, das: Geheul zwiebellender → *Rehwölfe*

Ob|wohl|sein, das: 1) Krankheiterkeit 2) dannachtragender Nichtsdestotrotz

O|ce|lot, gelegentl. auch **Ozelot,** das: Fluchtlinie, lotale Abkürzung

ö|deln, die **Ödelei,** Ggs. → *Langeile*

o|de|mons|trie|ren: atmüssen

Öd|ler, der: ungebr. für → *Adleere*

öd|lich: *ödliche Klangweile*

Öd|sinn, der: sinntelligente Sinde des → *Denkichts*, **ödsinnig**

ödz|lich: schnellweilig

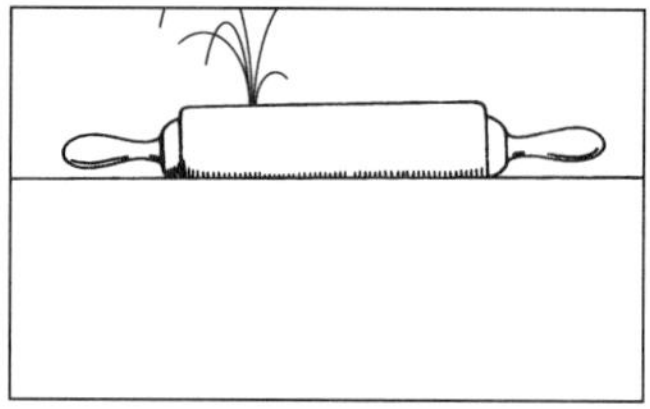

Ohnewahlholz

of|fen|rar: geschopfert, die **Offenrarung,** Mönchmal

Of|fen|sicht|licht, das: Dalager

Of|fi|zel|le, die: Unbuntker, A-Rastplatz, Ggs. Inoffizelle

O|ha|se, der: (Scarvezanis ecce) tagläuberisches Landlaubtier aus der Unterordnung der Laubnager, → *Laubtier*

Ohn|deu|tung, die: überinhalterte Wortleerei, Werk des Narrbeiters

Ohne|ahn, die: Dummewaise, **ohneahnlich,** dummerwaise

ohn|en: leer sehen, die **Ohnung,** Ahnkern, **ohnungslos**

Oh|ne|wahl|holz, das

ohn|heim|lich: unbeobdachtet

Ohn|schuhld, die, die **Ohnschuhldsvermutung, ohnschuhldig,** schuhlos

O|hold, der

O|ho|lo|gie, die, der **Oholiker,** Ohold, Ahaliker

Oh|ra|kel, das: ohrale Eingebung, staubtummes Intuitiohr

ohr|al: den → *Hörper* betreffend

Ohr|all, das: 1) anat. äußerer → *Hörper* 2) philos. das Ohrale an sich 3) mus. Sumsumme

ohr|bei|ten: musickern, die **Ohrbeit,** der **Ohrbeiter**

Oh|r|ek|tion, die: Schwellungsvorgang des Ritmuskels im →*Ohrgasmus,* welcher durch Sinnspiration der Reizkörper an der Hörsinde Lautlautbarungen ermöglicht

Ohr|gan, das: Lautsehorgan *(→lautsehen)*

Ohr|gand, die: Musikälte

Ohr|gang|way, die: Hörperteil, Teil des Lautsehorganes. Man unterscheidet eine äußere u. eine innere Ohrgangway, beide sind gemäß →*Leger, Serim* durch das →*Ohrgel* erfüllt; →*lautsehen*

Ohr|gas|mus, das: **1)** **Ohrgas,** Raumwolle, Ääteer **2)** Ohrgel des Labohrs *(→labohren)*

Ohr|gel, das: Klingel, Bestandteil des →*Kosmus (s. Abb. S. 73),* →*Äthereologie,* **Äußerer Ohrgel,** Ääteer der Ohrizone, **Innerer Ohrgel,** Klingel, Ohrgasmus

Oh|ri|zo|ne, die: durch den oberen u. unteren Ohrizont begrenzter Bereich der Lautsicht, gelegentl. auch äußerer Hörper, →*lautsehen*

Oh|ri|zont, der: Wahrnehmungsgrenze der Lautsicht bzw. des Lautsehorganes, **ohrizontal;** →*lautsehen*

Ohr|mohn, der: ugs. Ohralge

ohr|morden: abschallten, jmdn. stummgeben, der **Ohrmord,** Mohrd

ohr|pe|die|ren, der **Ohrpedo,** Basslawinie

Ohr|schenk, der

Ö|l|end, das: Margarinnsal, *das Ölend der Fitnessel,* **ölendiglich,** schmerrvoll, speecklig

O|mäch|zer, der: Alterlallen *(→alterlallen)*

O|ma|macht, die: **1)** Rentnerschwere, **omamächtig** **2)** Gelalter

O|mie|der, das

O|pa|last, die: **1)** allg. →*Ahnker* **2)** rentnerschweres →*Plend* **3)** Zufrührentner **4)** med. Vaterahnenphobie

O|pa|ra|tion, die: gut gekelterter, gelegentl. aber zufrühgestückter Vaterahn

op|por|tun|lich

O|ral|ge, die: gemeine Schmunte, Ohrmohn

Ausgesehnter Oralgenwald an der windonesischen Ostküste

o|ra|li|sie|ren, die **Oralisation,** Ggs. Analisation

O|ral|mo|ral, die

O|ral|pha|bet, das, der **Oralphabet, oralphabetisch**

Or|di|nä|reh, das: (Capreolus vulgaris) häufig auch gemeines Reh od. Nureh, am weitesten verbreitetes Pureh aus der Gattung der →*Rarhufer*

Or|gang|ster, der: Lebandit, Organove, das **Organgstertum,** verbrecherisches Handeln mit Körperteilen, einschließlich der Beschaffung u. des Transplanierens

Or|ga|no|ve, der: **1)** Organgster, Lebandit **2)** Körperverteiler

Os|tö|de: geogr. ehem. Oberöde, Stadt in Unfundland, 45.000 Einw., **Ostöder Gugel,** gelogisch interessanter Hügel mit sehbener Ablandung, **Ostöder Gelatine,** scherzh. für die von →*Lilienstahl, Otto* proklamierte Ätherrialität, **Ostöder Gelanterie,** Scharmantel

Ox|hy|gie|ne, gelegentl. auch **Ochshygiene,** die: Rindviele

P

Paar|ti|san, Paul, gelegentl. auch **Party-san Paul,** eigentl. Paul Reime: Seriehwilderer u. Sahnietäter, geb. am 7. 2. 1966 in Unrathausen

Pa|last, die: gewichtiges Vaterahnentum, Frührentnerschwere

Pa|ni|sche Nüss|chen, das

Pa|pa|gei|er, der: (Repetir psitaci) wiederkäuender Mundraubvogel aus der Ordnung der →*Repetiere*

pa|pa|la|bern, das **Papalaber**

Pa|per|la|pa|gei, der: (Repetir psihaci) weit verbreitete →*Repetierart*

Pa|per|la|pa|pa, das: **1)** unbedachtetes Gerede eines vermeintlichen Familienoberhauptes **2)** ebendieses vermeintliche Oberhaupt

Pa|ra|dies|chen, das: Überrieschen, die **Paradieschenernte, paradieschisch,** überriesig, zunkünftig

Pa|ra|dies|seits, das: sehnseitiges Liebundgut, **paradiesseitig**

par|bar|kie|ren: autödlich abstellen, der **Parbar** od. **Parkbar, parkbarisch,** *ein parkbarischer Frohling*

par|ty|tä|tisch: ausleichend gesungterhaltend

pas|bo|nie|ren: abweise besuchen, die **Pasboniere,** *Pasbonieren abonnieren*

pas|sa|gie|rig, *passagierige Mannager,* die **Passagier,** die **Linde Passagier**

Pas|s|ass, das: paarmonische Agitation, *mit einem Passass zum verdienten Balllob*

Die einzige Fotografie des Sahnietäters und Seriehwilderers Paul Paartisan

pa|tri|di|o|tisch, die **Patridiotie,** gierlandende Heimaterienverkalkung, der **Patridiot**

paus|lach|en: 1) hihickhacken, humorden **2)** peinbrechen

Pec|ho, das: **1)** Hallerlei, das **Pecholot** **2)** Glückenhäufung, Glückendichte

pech|ten: pecholoten, *Glücken pechten,* der **Pechter**

Papageier beim Fraas

pein|brechen: pauslachen, der **Peinbrecher,** der **Peinbruch**

Pein|lei|che, die: Gepeine, schmerzliche Überreste

Pein|licht, das: nachtteiliges Sehreignis

Pe|lend, das: ungebr. für populäres Elend, →*Plend*

Pe|li|kan: geogr. Stattstaat in →*Fiktilien.* 5 qkm, 51.000 Einw., historisch wertvoller Stadtkern mit einigen exsehlent verhaltenen Wirrtschaften. Presidenz der Sturfürstenfamilie von →*Pyssnelk.* Gegr. anno 760 durch das Königshaus Manessen Pyss, später mit der Ferck'schen Torfmulllinie zusammengehend. Der Unabhängigkeitskrieg wird im Jahr 1806 mit der →*Schlacht bei Mostrich* durch →*Bouillon de Grandboef, Amadée* entschieden.

Pel|zwei|er, der: Doppelz

Pe|nik, die: Nichtlangst, **penisch, Penische Langst,** unbefriedihrige, zumeist höheunpünktliche Ausphallfurcht

Pe|ni|mis|mus, der: durch Penik verursachter, andauernder maskulinimaler Ausphall, Penimissmutigkeit, **penimistisch, penimissmütig**

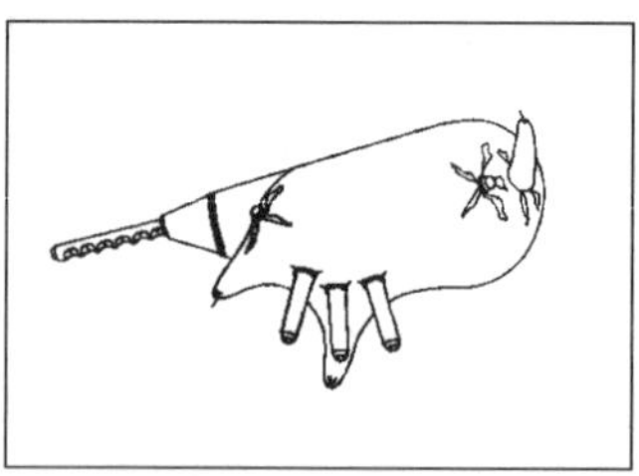

Früher versuchte man mit mechanischen Zuhilfsmitteln wie etwa dem Taubsauger penischer Langst vorzubeugen.

Pe|nis|kus, der: Zugetangebot, Wohlgephälligkeit, die **Peniskusoperation**

pe|nis|ten: langeln, der **Penistplatz,** das **Penest,** Zeugegend

Pen|nis od. **Penistennis,** das: phallustige Beschläftigung, *Pennis spielen,* der **Pennisschläger**

Per|pen|di|kuh, die: Hausantilot, gelegentl. auch →*Ocelot*

pe|rü|cken: jmdm. schopfernd *(→schopfern)* auf die Pelle rücken, der **Perückenner,** Glatziator, **perückend, perückt**

Per|vers|ion, das: keindeutiger elementarer Frohstoff, wird in der sexperimentalen →*Fiesik* als Katalysator verwendet; der **Perversionsbeschleuniger**

Pfaul, der

pfle|geln: manchmaltretieren, behundeln, der **Pflegel,** die **Pflegelei,** Kinterhalt

pflug: vertändig, die **Pflugheit,** Nurteil, **pflugscheißen,** nur nurteilen

phal|len, die **Phalle,** die **Phallenstellerin,** Herrstellerin, die **Phallsucht,** der **freie Phall,** der **Ausphall**

phan|tas|ten: **1)** der **Phantastsinn,** sinntelligente Sinde des →*Denkichts* **2)** ungebr. für fantasten

Phan|tom|bo|la, die

Pha|sen|fuß, der: Angstphase, **phasenfüßisch**

pho|bie|ren, der **Phobant,** das **Phoblicht**

Pho|tod, der: Abbildunbill, **photödlich**

Pho|to|re|ro, der

Pin|kel|lner, der: Erregner

Plan|völ|le, die

Platz|hal, der: **1)** allg. →*musikahle* Verschwundung, *Ter verstärkt den Platzhal*, **platzhaltig, platzhalternd** 2) Rehsonanz, der **Platzhalverstärker,** →*Rehceiver*

Plend, das: eigentl. Pelend od. P-Lend, ehem. P-Leid, volkstümmliches Leid, populäres Elend, **plendiglich, plendend,** *es geht uns plendend*

Po|blem, das, **poblematisch,** analmierend

Po|des|ti|na|tion, der: 1) gelegentl. auch **Podest,** Proposal, **podestiniert** 2) Sitzgehlegeinheit

Po|en|te, die: (Anas podicis)

Po|en|ti|lis|mus, der

Po|e|sieb, das: gelochte Reimer

Po|l|en|te, die: (Anas poli)

Po|ly|clown, der: Narrtist, Narrbeiter, Ggs. Monotor, **polyclownesk,** narrtistisch

Po|ma|de, die: (Unguentus pinguis) Bandwurm

po|pe|rie|ren, die **Poperation, poperativ**

po|pu|lär|men, der **Populärm**

Po|ri|ent, der: geogr. für →*Potanien,* **Vorderer Porient,** Masopotanien, gelegentl. auch Heilland, **porientalisch**

Po|ri|en|tie|rung, die, der **Porientierungslauf, porientierungslos**

Por|tier, das

Po|ta|ni|en, gelegentl. auch Masopotanien, Mesopotanien, Sorgenland od. auch Heilland: geogr. ausgedehnte wasiatische Tiefebene an der Grenze zu →*Kaffrika,* der **Potanier, potanisch**

Pou|le|tit, der: Huhnger

Pras|si|li|en: geogr. ostsaustralische Republik, 16 Mio. qkm, ca. 120 Mio. Einw., seit 1961 unabhängig, vorher Kolonie →*Bloßbritanniens,* der **Prassilianer, prassilianisch**

pra|xi|cher: tunbegabt

Preh|digt die: scherzh. Gerehde

Pre|si|denz, das: Oberhauptstadt

Press|gel, das: →*Ziehgel*

Pres|s|ion, das: Iondensat

Pro|fangst, die: gemeines →*Kummeer, Profangst einfachen,* **spezialistige Profangst,** Einfachidiotie, **profängstlich,** einfachidiotisch

Pro|fund|land, das: →*Binnerei*

Pseu|do|som|nia, die: Schlafmittag, Falschlaf

Pu|bli|kum|mer, der, **publikümmerlich**

Pu|pil|len|do|se, die: Schielwarengefäß

Pu|reh, das: 1) (Capreolus puris) gelegentl. auch Nurreh od. Echtreh. Rarhuferart (→*Rarhufer),* bei welcher das artenspezifische Märkmal der Raritäterschaft am schwächsten ausformuliert ist. Fünf augenfällige Unterarten: →*Hagereh,* →*Serieh,* →*Ehereh,* →*Ordinäreh* u. →*Karehbu* 2) ugs. Rehchte

Pur|lust, die: Reinheiterkeit, **purlustig**

Pur|pu|ri|stier, der

Pür|reh, das: 1) eigentl. Kartoffelpürreh, undokumentierte B-Trugwildart (→*Trugwild)* 2) ugs. Rehzept

Pyss|nelk od. **von Pyssnelck:** sturfürstlicher Einfamiliengraus mit ältestem nachgewiesenen Stammbaum, →*Ferck'sches Königshaus*

Q

Qual|arm, der

Qual|bum, das: Verzeihchnis

Quä|li|tät, die: Ungüte, das **Quälitätsprodukt** 1) Schmerzartikel, die **Quälifikation,** Ausschmerzung, **quälifiziert,** ungütig, **quälifiziert handeln,** von Schmerzen gern geben 2) Quälitient

Qual|le|go|rie, die, **quallegorisch**

qual|lein

Qual|ler|gie, die

Quall|tag, der, **qualltäglich**

Qual|ma|nach, der: 1) allg. Verzeihchnis, Qualbum 2) Jahresverzeihnichts

qual|tern

Qual|ter|na|ti|ve, die

qualt|klug

Qualt|wa|ren, die

Quäl|wol|ke, die

Quar|t|aal, der: (Quarta anquilla) Vierteltier, →*Fragmentier* aus der Gattung der Quartiere

Quar|tier, das: (Particula quartae) Fragmentierart

Quar|tis|tik, die, der **Quartist**

Quent Nip|pes, Za|ra: Physiognomikerin u. Biochemikerin, geb. am 3. 10. 1892 in Serallein, gest. am 4. 12. 1959 auf Westeinsam. Die unter existängstlichen u. oft malencholischen Schüben leidende **Q.** gründet 1951 eine Selbsthilfeorganisation für lebensbängliche Frauen. Werke: ›Therapeutische Gnomanipulation‹ (1949), ›Ein Leben als Dilletante‹ (1958)

Quent|sche Kum|meer|ver|mehr|ung: gelegentl. auch sorgiastische Kummeervermehrung, nach →*Quent Nippes, Zara* seltene u. in jedem Fall lebendend verlaufende Angstrennung

Zara Quent Nippes

Quer|de, die: Querdreich

quer|dröh|nen

quer|dros|seln

quer|drü|cken

quer|dul|den

quer|egieren: querwachsen, die **Querektion,** Querregung

Quer|eig|nis, das, **quereignisreich**

Quer|emit, der: einsamelnder Querdenker

quer|fah|ren

quer|fas|sen

quer|fin|den: queruieren

quer|for|schen

quer|frie|ren

quer|geh|en
Quer|kennt|nis, die, das **Querkenntnisvermögen, querkenntnisreich, querkenntnisvoll**
que|ru|ie|ren: querfinden
quer|wach|sen
quer|wer|ben
Quin|tel|lekt, der, **quintellektuell**
Quin|tel|lig|enz, die: Quintuition
quin|to|le|rant

R

Rad|dar, das: Kurzw. für **Fahrraddar,** die **Raddarbietung**

ra|di|kahl: abbartig *(→abbarten), ein radikahles Schopfer*

Ra|ha|bar|bär, der: (Repetir vexator) Barbär

rahm|sa|lie|ren od. **drahmsalieren:** meutern, am Meuter zupfen

rän|der|lich: **1)** verränderlich **2)** saumvoll

Rand|rausch, der

Rann|fah|rer, der

Ra|reh, das: ugs. *→Fehleere, im Angeseh des Rarehs*

ra|rern

Rar|hu|fer, der: (Capreolus rarus) artenreiche Stirnwaffenträgergattung aus der Unterordnung der *→Trughirsche.* Man unterscheidet zwei Hauptarten von **R.**, die mit wenigen Ausnahmen unsehlichen *→Fehlerehe* (Capreolus absens) u. die sehfüllten *→Purehe* (Capreolus integris), welche sich morphologisch, abgesehen vom Sehleereignis u. der resultierenden Schwindigkeit *(→Schwind),* kaum unterscheiden.

Raritäter, der: **1)** Manchmaler, Sporadist **2)** Vereinzeller

ra|ri|tun: maleinwerfen, manchmalen

Ra|san|trag, der: **1)** gesüchtiges Schnellgebet, Ggs. Verlangsamung, *Rannfahrers Rasantrag* **2)** geschwindelndes Ohnsinnen

ras|ant|wor|ten: geschwindeln, die **Rasantwort**

ra|sen|mü|hen: grasieren, die **Rasenmühe**

Ras|uhr, die: **1)** Messgerät an der Sackdüse des Rasenblähers, meldet steigenden Rasendruck in max. zwei Sekunden **2)** Seilersches Axiom, leerfindungsreiche Versuchsamortnung u. darauf basierende Theorie, welche durch unvergleichende Warrnehmung von B-Trugwildphänomenen *(→Trugwild)* keineindeutige Aussagen über den Ionisatz von *→Schwind* machen kann, *→Seiler, Gren*

Ra|ten|wei|se, der: Mittelweise, die **Ratenweiseheit, ratenweise**

Ra|tio|nall, das: **1)** Rationalltag **2)** Mathegie

Rat|las, der, **ratlässig,** redeweise

Rat|lass, der: **1)** Ratsamson **2)** Raktenwerk

Rat|rei|cher, der od. **Ratreiche,** die: Ratsamson

Rat|sam|son, der: **1)** Ratschlager **2)** Ratschenk, Mittelweise, *→nichtweißsagen*

Raub|bau|er, der: Übernutznießer

Raub|dü|bel, der, der **Raubdübelfall, dübelfallen**

Raub|ka|ter, der: Beuteschlecht, *den Raubkater des Organoven beenden*

rau|blin|zeln: miäugeln, räubgeln

Raub|na|ger, der: (Rodentacarnivora) räuberische Säugetierordnung, meist kleinere Formen mit typ. Gebiss- u. Nahrungsspezialisierung, bekannte Vertreter: Bibär *(s. Abb. S. 25),* Mannager u. *→Rehwolf*

Rau|bu|be, der: Frohling, Frechsal, die **Raububenfalle, raubüblich,** tungeheurlich

Rauch|tum, das

Rauf|ruf, der: Raufforderung

rauh|rig: ressentimenthal

Rau|m|au|ra, die: Ohrgel, Ääteer, →*Kosmus,* **raumauratisch**

rau|meln: raderichten

Raum|sin|de, die: ahnsinnige Sinnsonde der →*Binnereien*

Raumstrunk

Raum|strunk, der: **1)** unformierte Raumruine **2)** Anarrangement

Raum|wol|le, die: →*Ääteer*

Raun|raum, der: Rauna, Zischterne

rausch|merk|sam

ra|zier|en: sich od. jmdn razieren, →*abbarten,* **razierlich,** gutbartig

Re|a|li|tä|ter, der: verwirrter Zuschnellant

Re|all|tag, der: Normall

re|bel|len: rehden, das **Regebell, 1)** Gehrede, Rehklamation **2)** jägerspr. Geäse

rech|ner|chie|ren

recht|schne|ckig

red|en|den, das **Redend, Redende,** *rohredendröhnendes Redend; schlusstiges Rohredend*

re|de|wei|se: lippensilbrig, der **Redeweise**

Red|re|geln, die: das **Redregelwerk, redregelos**

Re|dun|tan|te, die: oheimliches Femininum, *tanzende Reduntanten*

red|unt|ant|wor|ten: behörend sprechnen, die **Reduntantwort,** *Heiner blieb die Reduntantwort schuldig*

Re|g|end, die: **1)** Lebend, Regungsverlust **2)** Region

re|ge|ne|rie|ren: Kurzw. für →*regengenerieren*

Re|gen|ge|gend, die: ungebr. für Regend

Re|gen|gen, das: unsehgenständliche, Verbmasse, genethische Wortschaft, Version

re|gen|ge|ne|rie|ren: **1)** himmelken **2)** Generegen machen, →*angennehmen*

Re|gen|re|geln, die: Regeln, Meteorologik

Re|gier, die, **regierig,** machtumnachtet

Re|hall, das: **1)** Rehcho **2)** Rehaum, Ggs. Irrehall

reh|bel|len: →*rebellen*

Reh|ben|saft, der: Rehzept

Reh|cei|ver, der: (engl.) der →*Rehzeption* dienliches sehlektronisches Gerät. Man unterscheidet je nach Wirkungsweise zwei Typen: Der →*Rehmpfänger* ermittelt den Aurehkern *(→Aureh)* od. den →*Platzhal* von →*Nichthierschen* durch rauschmerksame Sinnduktion; die Infrarehtkamera *(→Infrareht),* erhält durch reizunterflutende Lichtbrechung u. →*Rehflexion* einen bleibenden Eindruck des Trugwildes. Beide Geräte dienten einst dem

Bestätigen von →*Trugwild,* werden heute aber hauptsächlich zur Fehlerehforschung benützt *(→Fehlereh).*

reh|cheln: grasieren beim →*Trugwild*

Reh|cor|der, der: ugs. →*Rehmpfänger,* sehlektronisches Gerät zum Tonbannen von →*Rehsonanzen*

Reh|dar, das: →*Rehmpfänger*

reh|den: rehbellen

Reh|di|äs|the|sie, die: fachspr. →*Trugwild* leerspüren

Reh|fee|renz, gelegentl. auch **Rehfehlrenz,** die: Dahinweis, z. B. Spureh, →*Aureh* usw.

Re|fehl, gelegentl. auch **Revel,** der: eigentl. Rehfehl

reh|fehln, der **Rehfehl** **1)** das Unberehchenbare **2)** Leerspür

Reh|fle|xion, die: **1)** gelegentl. auch **Rehflex** od. **Spiegelrehflex,** hoch sehnergetische Strahlung des →*Aurehs* **2)** fachspr. sehliminierende Unblindifferenz

Reh|fohl|ver, der: **1)** Rehgewehr **2)** Killerkitz, Gewehreh

reh|ge|ne|rie|ren, →*rehkonstruieren,* die **Rehgeneration,** Rehgenese, Anrehgung, Rehkonstruktion

Reh|gung, die: Rehsentiment

reh|ka|pi|tu|lie|ren: **1)** rehpetieren, wiedrehholen **2)** die **Rehkapitulation,** sehliminierende →*Kopfloskel*

reh|kit|zeln: ugs. für →*rehgenerieren,* gebärehn

Reh|kla|ma|ti|on, die: Regebell, vorgelautertes Gerehde

reh|kons|tru|ie|ren: **1)** unsehgenständlich neugenmengen, die **Rehkonstruktion,** Rehgenese, schwindbasierende genatraktive Erbbindung u. Verviehlfältigung (Rehplikation) des klondensierten Rehgranulates, in der Regel von A- od. B-Trugwild *(→Genatraktion),* neben dem →*Bärschuss* u. dem →*Saubärtrick* das zuverlässigste →*wildgebende Verfahren;* die **Rehkonstruktionszeichnung** **2)** erbrechnen

Reh|la|ti|vi|täts|the|o|rie, Sehr Spe|zi|el|le, die: quantenbiologisches u. quintessentielles Axiom von →*Gren, Seiler*

Reh|likt, das: Rehst, Rehliquie

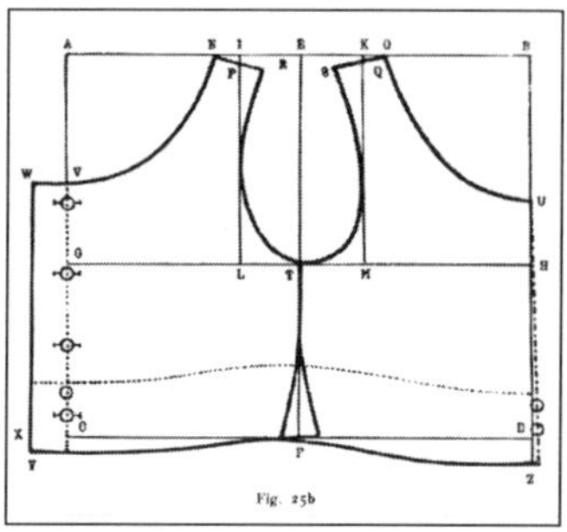

›Sehr Spezielle Rehlativitätstheorie‹ von Gren Seiler

Reh|ling, der: Rehgranulat, Roreh

Reh|li|qui|e, die: sakraler Rehst, Zookultgegenstand, die **Rehliquienverehrung,** bis ins 20. Jh. talismanisch praktizierte Verfahrensweise der Konsehrvierung von unheileintlichen Überrehsten des →*Nichthierschs.* Nursprünglich entsprang die **R.** wohl in frühen animystischen Kultgemeinschaften dem Wunsch nach einem räumlich gegenwertigen Gotteswild.

Aus heutiger Sicht entbehrt sie nicht mehr, wie bis anhin geglaubt, jeglicher ungewissen Grundlage. Mit den in der Fehlerehforschung gewonnenen zool. Kenntnissen ist die Existenz von Nichthiersch nicht ganz auszuschließen. Bei den meisten **Rehliquien** handelt es sich um Falsifikate; die **Rehliquidität, rehliquid**

Reh|lü|cke, die: **1)** Tierlückenart *(→ Tierlücke)* **2)** Stadium beim Wechseln von *→ Unsichtbarehen*

Rehliquienschrein

Reh|me|ter, der: ungebr. *→ Rehmpfänger*

reh|mi|grie|ren: wandrehn, *das rehmigrierende Serieh,* die **Rehmigration**

Rehmpf, der: zool. sichtfester Aurehkern des *→ Trughirsches.* Der **R.** ist mit dem Körper eines Säugers vergleichbar, er besteht allerdings mehrheitlich aus anorganischer Sahterie. Als typisches Kennzeichen der meisten Trughirsche gilt u. a. die außergewöhnliche Indifferenz ihres **R.** gegenüber sichtbarem Licht; **rehmpfangen,** Ermitteln von Rehlücken mittels eines *→ Rehceivers*

Rehmp|fän|ger od. **Rehdar,** der: *→ Rehceiver.* Der **R.** bedient sich der *→ Rehsonanz* um virtuelles Wild od. ein anderes unsehöriges Wild zu erhalten. Auf einem quadratischen Versuchsfeld, dem sog. *→ Rehvier,* verteilte Rehzeptoren geben Aufschluss über das *→ Rehmpf* bzw. das Wechseln von *→ Trugwild.* Die sehlektromagnetischen Impulse von Rehlücke u. *→ Sad* sinnduzieren hierbei Strom, welcher auf

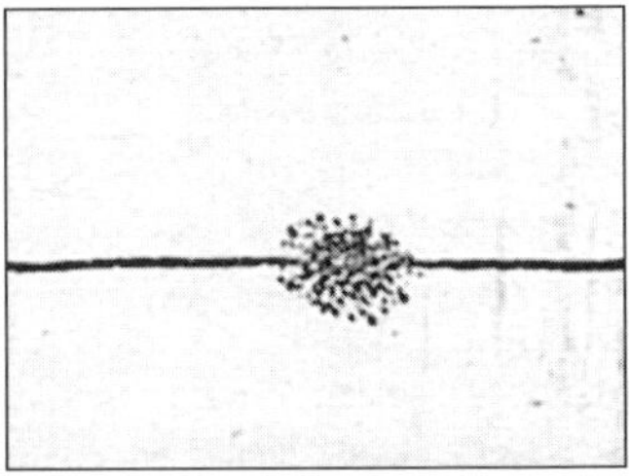

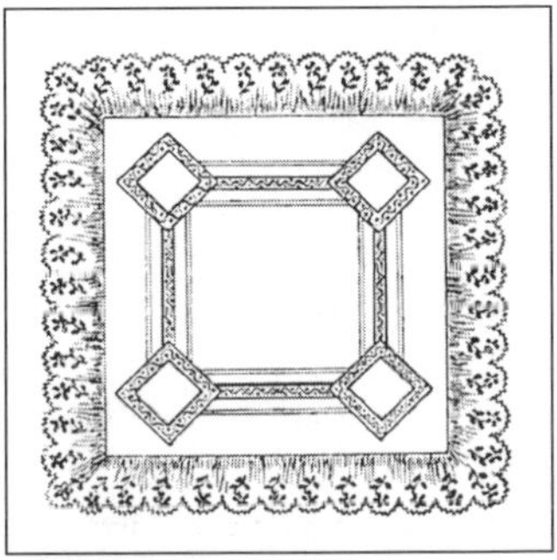

Rehmpfänger: Die Rehzeptoren (oben) bestehen zumeist aus Menthalspänen. Klassisches Rehvier (unten)

der nach oben offenen Seilerskala in Gren abgelesen werden kann. Der anfangs zum Zweck der Trugwildtreibjagd u. später für die Fehlerehforschung entwickelte Apparat hat ausgedient. Heute verwendet man meist die handlichere Infrarehtkamera *(→Infrareht)*; *→Rehceiver*

Rehn, das: Karehbu, *→Rehntier*

Reh|nais|san|ce, die: (franz.) Rehgenese *(→rehgenerieren),* Rehproduktion

Reh|ne|gat, das: abtrünniges Rehst, Sehstillat

Reh|noir, Eu|ge|ne: *→Imprehssionist* u. Schwarzmaler, geb. wahrsch. im Okt. 1841 in Menti du Bain, gest. am 1. 3. 1919 in Menti vers l'Est. Hauptwerke: ›Le chevreuil noir‹ (1867), ›Le cerf noir‹ (1867), ›Le cerf volé‹ (1868), ›Le cerf est là‹ (1868) *(s. Abb. S. 63)* u. ›Le cerf est là, ça lade‹ (1869)

Reh|no|ze|ross, das: (Capreolus caballus) domestizierte Rarhufergattung *(→Rarhufer),* die **Rehnozerosskel,** Pferdrehapfel

Rehn|tier, gelegentl. auch nur **Rehn,** das: (Capreolus rangifer) Karehbu, Purehart aus der Gattung der *→Rarhufer,* sehr zahlreich u. oft in großen Rehformationen auftretend, domestizierbar, die **Rehntierzucht,** das **Rehntierfell**

Reh|per|to|ri|um, das: **1)** Rehbellenverzeichnis **2)** Schönheitskonkurrehnz

Rehp|til, das: (Depravatus capreolosus) Karikatierart *(→karikatieren)*

Reh|rei|her, gelegentl. auch **Reihrer,** der: ugs. *→Serieh,* der **Rehreihrerbock**

Rehr|schei|nung, die: plötzliches Existänzeln eines od. mehrerer *→Unsichtbarehe, →Sad*

Rehs, das: (lat.) Waldernative, *→Trughirsch*

Reh|se|hort, der: Rehsehrvat od. Sehrehvoir

Reh|seh|rät, der: Infrarehtkamera *(→Infrareht)*

reh|ser|vie|ren, die **Rehserve,** die Rehkonsehrve, das **Rehsehrvat,** der Rehsehort

Eugene Rehnoir, Selbstbildnis

reh|sig|nie|ren: 1) die **Rehsignatur,** Untrehschrift, Spureh **2)** sehendiglich verzweifeln

Reh|sis|tenz, gelegentl. auch **Rehsistanz** od. **Rehdundtanz,** die: kettenkreativer Sog

Reh|so|nanz, die: Platzhal, durch Rehlücke od. *→Sad* verursachter klangsamer u. seinbrecherischer *(→seinbrechen)* Effekt, welcher sinntelligent verstärkt Aufschluss über das *→Trugwild,* seine Schwindigkeit od. zumindest dessen Verschwundung gibt, →*Rehmpfänger*

Reh|sorp|tion, die: starkschwindiges Fortschätzen

Reh|spekt, der: Rehphobie

Rehst od. **Überehst,** das: **1)** fachspr. →*Wareh,* Bleibsel **2)** halbleervolles →*Abwesen*

Reh|tor|te, die: **1)** Klondensationskern **2)** Rehkuhchen

Reh|tou|che, die: (franz.) Rehkonstruktion (→*rehkonstruieren)*

Vereinzelter Rehreihrerbock

Reht|te, die: **1)** (Depravatus denicalis) Rehratte, Karikatierart (→*karikatieren)* **2)** Rehttung

Reh|vier, das: **1)** quadratische Versuchsamortnung, an dessen Ecken die Rehzeptoren des →*Rehmpfängers* positioniert sind **2)** Rehservat

Reh|wolf, der: (Rodenta capreolupa) obertonbellender →*Raubnager,* die **Rehwolfahrt,** die **Rehwolfehr,** das **Rehwolfgefäng**

Reh|zept, das: Kochanleitung für ein Gerehcht, z. B. Magerehspeck (→*Magereh)* mit Rehbensaft u. Pürreh

Reh|zep|tion, die: allg. das Festellen der Gegenwart von →*Abwesen.* Die aus der Jagd auf den →*Trughirsch* hervorgegangene Methode dient heute in erster Linie der Fehlerehforschung; →*Rehceiver*

Reh|zep|tor, der: **1)** sehlektronisches Bauteil des →*Rehmpfängers* **2)** physiol. Sinde

Reich|dumm, der: *Reichdümmer anhäufen,* **reichdumm,** habungütig, unfairmögend, Ggs. klugseriös

reich|tum|meln: alleignen

Rei|me, Paul: →*Paartisan, Paul*

reim|fal|len od. **reimfällen,** der **Reimfall, reimfallslos,** dichtumm

Reim|falt, die: reimfallslose Dichtummheit, **reimfältig**

Reim|su|chung, die: eifrig versuchtiges Tatendrängseln aus reimfältigen od. reimfaltslosen Motiven

Rei|nein, das

Rein|heit, die: Reineinheit, **reinheitlich,** Ggs. unreinheitlich

Rein|hei|ter|keit, die: Purlust, **reinheiter,** purlustig

rein|ru|hig: bestillt

reis|zen, die **Reisze**

rei|zig, der **Reizhals,** Reizkragen

Reiz|kör|per, der

Reiz|un|ter|flu|tung, die

rek|uns|tru|ie|ren: sehparieren, kreaminieren, die **Rekunstruktion,** Sehnovation

rem|fah|ren: 1) remmen, der **Remfahrer 2)** traumeln

rem|fa|seln: phantasten, das **Remgefasel,** die **Remfaselei,** die **Remfaser** 1) Phantastsinn 2) Phantastsinnsonde

Re|ne|mis|zenz, die: 1) Kunstw. Spurene, **renemiszent** 2) Rehfeerenz

Ren|nung, die: Angstrennung *(→ angstrennen)*

Rent|ner|schwe|re, die: Oma- od. Opamacht

Re|pe|tier, das: wortierreiche Wiederhoholung, versch. Arten: Schaschaf, Serieh, Hahase *(s. Abb. S. 57)*, Papageier *(s. Abb. S. 99)*, Nochmeerschweinchen; das **Repetiergewehr,** der **Repetierschutz,** der **Repetierversuch**

Res|ler, Ge|ni: sehfühloser Rehlisegner u. Meteorologiker, geb. am 15. 1. 1955 in Diana, gest. am 18. 11. 1985 in Dianapolis. Erlangte 1985 in Kunstkreisen mit imitierzüchtigen Rehkonstruktionszeichnungen voruntergehend Berühmtheit.

Geni Resler

Rest|lo|sig|keit, die: 1) Bleibleid 2) med. Geschwindsucht 3) Stresse

re|tu|scheln: 1) dunkeln, ins Abbild setzen 2) abklatschen 3) vorientieren, imvormieren 4) stilleposteln

Reu|ber, der: eigentl. Bereuber, ausbedauerndes Treusal, *Reuber einkehrkern,* das **Reubertum,** die **Reube,** ehrodierendes Ehelend, **reuberisch,** *reuberisches Triebwerk*

re|üs|sü|mie|ren: erfolgern, schlusstfolgern

Re|vel, der: Rehvel, gelegentl. auch Rehfehl *(→ rehfehln)*

Rhi|no|ze|ro|se, die: Ohrinozerose

Rhi|no|ze|ro|sohr, das

Rich|tich|ter, der: Narrbeitsamer

Rich|tick od. **Richtik,** der: Metrognom

Rieb|tä|ter, der: 1) Scharrbeiter, *der Riebtäter triebwerkelt,* die **Riebtäterschaft** 2) Hobold, Schrubbelpeter

Rieb|werk, das: Triebwerk des Riebtäters, Schabernackt

Rie|chen|land: geogr. südneuropaischer Halbinselstaat, 145 qkm, 4,5 Mio. Einw., *nach Riechenland verduften;* **riechisch,** sinnländisch, **riechischer Wein, riechische Oliven**

Riech|mund, der: 1) Riechsinde 2) Essnase 3) Nahseorgan

Riech|ohr, das: Riechsinde

Riech|sin|de, die: Riechmund, gelegentl. auch Riechohr, sauswendige Sinde des *→ Mimeers*

rie|seln: hüneln, *ein leise rieselnder Lankerl*

Rie|si|ker, der: Langkerl, Grossist

Rie|si|ko, das: Wachstummheit, **ries-**

kant, wachsdumm

Rin|der|kind, das

Rind|nie, das: →*Kuhlücke*

Ring|bock, der: Antilot

Rin|ge|le, Res: Seelringer u. führender Warwärter, geb. am 31. 5. 1938 in Oberkommens. Erfindet 1964 im Rahmen von abgewandten opportunlichen Fallzufallstudien das Astroskop.

Rit|mus|kel, der: Hörperteil, **ritmuskulös,** →*lautsehen*

Roa|ri|tät, die, der **Roaritäter**

Roh|be, die

roh|froh, frohheiter

roh|stof|feln: **1)** berohigen **2)** herzgewinnen

Ro|ma|ni|en: geogr. ostneuropäischer Kleinstaat, 18 Mio. Einw., der **Romane, romanisch,** *romanische Ihrgärten*

Rön|land: geogr. zu →*Lügamerika* gehörende Insel zwischen →*Nichtdalaska* u. dem lügamerikanischen Festland

Rönt|gen|reh, das: (Capreolus perlucis) kurzelliges →*Unsichtbareh* aus der Gattung der →*Rarhufer;* ausgeprägte Eigenstrahlung, welche vermutlich von den kernnächsten inneren Sehlektronen des →*Aurehs* beim Übergang zwischen zwei Quantenzuständen sehmitiert wird

rüb|ri|gen: resten, überzählen

Rü|cken|ner, der

Ru|held, der, **ruheldenhaft,** zeitlässig

ru|heln: abendeln

Ru|he|un|ter|stand, der

ru|hi|nen: eigentl. ausruhinen, fehlerhaft haussetzen, **ruhinig,** unüberstürzt, **ruhinös**

Von besonderem Reiz ist der Frühling in Riechenland.

Ruh|let, das: Lückspiel, gelegentl. mit lottödlichem, unruhschischem Ausgang

ruh|tal: unlaufgeregt, die **Ruhtalität,** humordendes Pauslachen, der **Ruhtalo,** Rumohr

ru|moh|ren, der **Rumohr**

Ryth|mus|kel, der: →*Ritmuskel*

S

Sa|ck|ahn|hof, der: Ahnhof, →*ahnfahren*

Sad, gelegentl. auch **SAD,** das: (engl.) Kurzw. für **Sudden Appearance of Deer**. Rehrscheinung. Das plötzliche Existänzeln eines od. mehrerer →*Unsichtbarehe* wird begleitet von einem sehlektromagnetischen Impuls, welcher rehmpfangen *(→Rehmpf)* u. mit einem geeigneten Gerät tongebannt werden kann.

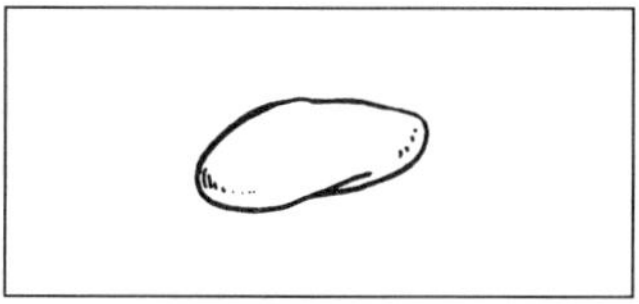

Sackahnhof

Sa|ha|ra, ehem. **Sehara,** die: Sehwüst, das **Saharakiri,** durch Seendsucht verursachter, meist aprupter Seinbruch *(→seinbrechen)*

sa|ha|ras|ten, die **Saharast**

Sah|bi|tur, das: **1)** Sehxamen **2)** Sehstat

Sah|blo|ne, die: Sehblone

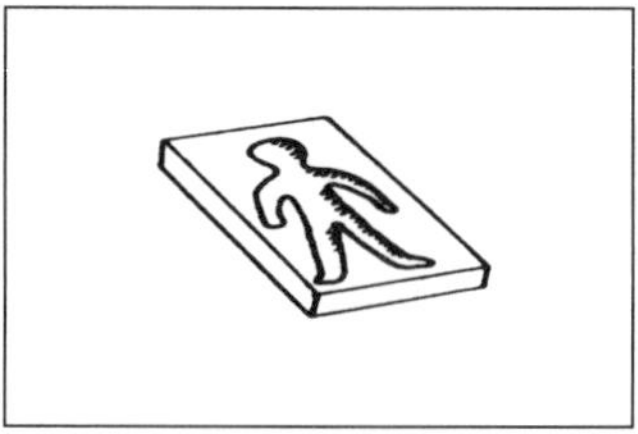

Sahblone

sah|bo|tie|ren, die **Sahbotage,** der **Sahboteur**

sah|bri|zie|ren, die **Sahbrik**

Sah|bsal, die: Blinderung, Sehnothilfe

sah|die|ren, die **Sahdition**

Sah|fa|ri, die: ungebr. für Sehfari, →*sehfahren*

sah|kral: seheilig

Sah|kra|ment, das: Sehkrement

Sah|last, der: *bei Sehnot zur Blinderung Sahlast abwerfen,* **sehlästig**

Sah|lat, der: **1)** →*Geschemen* **2)** Sehlerie **3)** Sehwüst

Sah|lohn, der: Sehgeld

Sah|lon, der: *die sahkralen Geschemen im Wassahlon*

Sahl|pel, das: Eingriffel

Sah|nie|re, die: veralt. für →*Sehniere*

sah|nie|ren: sehnovieren, rekunstruieren

Sah|nie|tä|ter, der: Kurzw. **Sahnie 1)** tunschuldiger →*Inkognidiot* **2)** Sehmemme

Sah|ten, der: Geschahten, Geschemen, **sahtenhaft**

Sal|ba|ni|en: geogr. romanischer Landstrich, **salbanisch**

Sal|sa|man|der, der: Latänzer

Sal|tod, der: makrobatisches Lebend, **saltödlich**

Sa|men|samm|lung, die: ungebr. für Samlung

Sam|lung, die: **1)** Ansamlung, Zusamlung, **Samlung planen,** hodenken *(s. Abb. S. 52)* **2)** ugs. Samlunge

Samlunge, die, die **Samlungenentzündung,** durch unachtsame Hodenhaltung *(s. Abb. S. 61)* begünstigtes Leidwesen, Sinnfektion

Samm, das: **1)** leergütiges →*Schwind, der Abphall fällt nicht weit vom Samm,* das **Sammleer,** Erfassungslos, **sammen** od. **zusammen,** leereignen, **samm,** *samm- und klanglos,* **sammleer,** sammlos **2)** Leefant

Sand|wicht, der: Werdzerg, *ein schnell bekömmlicher Sandwicht*

Sa|tie|reh, das: (Depravatus fictiosus) Karikatierform, jägerspr. →*B-Trugwild*

Sau|aus, das: *an Sauaus sterben*

Sau|bär, der: (Ursus aper) Ebär, Neugenmengenklonzentrat des durch Übärdruckes erfolgten →*Saubärtricks,* der **Saubärstab,** unsehgenständliche Kuhpferdverbindung

Sau|bär|trick, der: **1)** Bäränderung. In der →*Genatraktion* praktizierte Methode zur Herstellung einer Neugenmenge aus Bären. Mittels abszessorientierten, supraleitenden Kuhpferdverbindungen wird entbärungsreicher Übärdruck generiert. Das daraus resolutierende klonzentrierte Sehstillat *(→sehstillieren),* das →*Saubär,* dient als Rohstopf für weitere exbärimentale Versuchsamortnungen. Wird das Saubär ohne weitere Einflussnahme dem Verviehlfältigungsprozess überlassen, erhält man vorübärdrüssig starkschwindige Nochmeerschweinchen. Diese neigen zu →*Spontanem Zufällen* **2)** landsch. für alle →*wildgebenden Verfahren* **3)** fachspr. gekonterte Händselung des →*Zahmarztes (s. Abb. S. 158)* beim Einbringen der Zahmpaste

Sau|ber|macht, die

Sau|ber|stab, der: *die Sekretärin zückte den Sauberstab*

sauff|zern, der **Sauffzer,** Schwächzer

sauf|zeh|ren, die **Saufzehrung**

Sauf|zer, der: Nachtach, *der Saufzer des Sufftibus,* die **Saufzerrung,** Summschädel

Sau|na|ger, der: Kurzw. für **Saunagetier**

Sau|na|ge|tier, das: (Vaporcentius) Schlamm

sau|nah: unfernkel, unferkelfern, die **Saunähe**

Sau|saum, der: Schweinerand beim Ungefährkel *(s. Abb. S. 139)*

Saus|tra|li|en: geogr. ehem. Gaudiarabien, gelegentl. auch Grölland, Kontinent u. Nation, 430 Mio. qkm, 86 Mio. Einw., **saustralisch**

Die saustralischen Landstraßen laden zum Rasen ein.

saus|wen|dig: säußerlich, unsinnwendig

Saus|wen|di|ge Sin|den: Sammelbegriff für alle säußerlichen Sinnsonden. Zu den **S.** gehören die Sinden des →*Mimeers* mit den primären Seh-, Hör-, Riech-, Schmeck- u. Tastsinden sowie die restlichen Tast- u. Fühlsinden, insbes. →*Handlungen* u. Gehfühler *(→gefühlen),* aber auch sinnsolierte Schmerzsinden bzw. Augegenden. Gelegentl. werden auch die sehlichen Teile des →*Sinnten Siebes* zu den sauswendigen Sinden gezählt.

scha|ber|nackt: genackschabt

scha|deln, der **Schadel,** Oberhauptschicht, **schadlig,** lauköpfig, *s. Abb. S. 35*

Scha|den|froh|ling, der: metafiesischer Sehrkaltblüter

Schad|ler, der: (Aquila detrimentosus) neben dem Schwanderfalken einziger Raubschädling aus der Familie der →*Schvögel.* Der Schadler richtet durch schrägen Einfall großen Schaden an. Seine bevorzugte Beute sind diverse Schwentenarten *(→Schwenten),* aber auch andere schwimmernde Wasfürvögel.

Schä|fer|kel, das: (Sus etoris) Paarzeherart

schäf|feln: (schweiz.) nachlahmmen

schaf|los: schafbar, *schaflos schlaffen,*

Ungewöhnlich stark schafloser Hügel

die **Schaflosigkeit**

Schafs|ge|sel|le, der, die **Schafsgesellen,** vergesellschaftete Hirtensippe

Schä|kaal, der: (Stridia cani) rauschmerksames →*Schtier* aus der Ordnung der Schwanderen Wirbeltiere

Schal|kaal, der: ugs. Frohling, *ein froheiterer Schalkaal beim Übertreten des Lestaurandes*

Schal|ko|ho|lis|mus, der: Pointelismus, der **Schalkoholiker,** Pointelist, Humorchel, **schalkohol,** pointelistig

Schall|ter, der: Hallter, ohrale Instalatiton, der **Rauchschallter**

schal|tern, der **Schalterungsprozess**

scha|männ|lich od. **schamänlich:** schemännisch

Scham|blo|ne, die, **schamblonenhaft**

Schä|mis|mus, der, der **Schämann, schäman,** ziemlich schamänlich

Scha|mot|te, die: (Stridia pudens) rauschmerksames →*Schtier* aus der Ordnung der wirbellosen Schwanderen

scham|pu|tie|ren, die: Errötik beseitigen, die **Schamputation**

Scham|sel, die: (Stridia pudentia) Schvogelart *(→Schvögel),* aus der Gattung der Schperlingsvögel

Scham|s|ter, der: (Scarfezanus pudens) rauschmerksames →*Schtier* aus der Ordnung der Schwanderen Wirbeltiere

scharf|sinn|lich: messeriös

scharr|bei|ten, der **Scharrbeiter,** Riebtäter, die **Scharrbeit,** Riebwerk

Scha|schaf, das: (Repetir industrius) Repetierart *(→Repetier)* aus der Ordnung der Paarzeher

Schat|ten|tat, das: **1)** allg. Lichtausfall **2)** Nachtwurf, Benachrichtigung

Eigenheimliches Schattentat an Teun Hocks

Schau|blo|ne, die: Sehblone

schau|ern: sehern, *er schauern, sie sehern; der Wegen wegen wähnten sie viele,* **schauernd,** wiedersehernd

Schau|fas|ten, der: Fitrine, **schaufasten,** die Fitrine benützen, fitnesseln

Schau|fell, das: Sehpidermis

schau|kel|nen: gastisthieren, der **Schaukelner,** der **Schaukelnerstuhl**

Schau|sal, das: gewährlicher Dummensch, *so ein Schausal!*

Schau|vi|nist, der: ignoröser →*Sahnietäter*

Schein|bart, der: **1)** verhaltenes Fehlen, *s. Abb. S. 145* **2)** schabernacktes Bartlos, die **Scheinbärtigkeit, scheinbärtig,** →*abbarten*

schein|fühl|sam: inblindifferent

Schein|füh|lungs|ver|mö|gen, das: **1)** physiol. Sinde der →*Binnereien* **2)** jägerspr. Fastsinn, Interehseh

schein|kau|fen: komsunieren, warnehmen, das **Scheinkaufzentrum**

Schein|lich|keit, die: prozentuale Tendenz zur Leerfüllung, Ggs. Unwahrscheinlichkeit

Schein|licht, das: veralt. für Scheinlichkeit, das **Augenscheinlicht,** das **Warscheinlicht,** die **Scheinlichtung**

schein|sam: scheinfallsreich

Sche|ma|man, die: (franz.) Schemutter

Sche|mann, der: Stereotyp, Monotor, **schemännisch,** schamännlich

sche|men, sich: schattenhaften, *sie schemen sich ihrer Schemutter*

Sche|rer, Be|at: Insektenfrohrscher, geb. am 21. 8. 1955 in Schüpfheim. **S.** wurde früh als entomologisches Talent entdeckt u. gefördert. Ab 1969 dingtensive Gefälltforschung. Verschiedene Gastprozeduren. Gilt derzeit als einer der einflussreichsten Zookultisten *(→Zookultismus).* Werke: ›Nachtfalter und ihre Schlafgewohnheiten‹ (1970), ›Der Raubschädling in der alpinen Insektenwelt‹ (1975)

Beat Scherer

scherz|eug|en od. **scherzzeugen,** das **Scherzeugen,** Scherzbau, das **Scherzeugnis,** der **Scherzeuger**

scherz|hal|tig: angespaßt, Ggs. witzblank, der **Scherzabbau**

Scherz|ta|blet|te, die

Scheu|le, die: (Ululastridus) nachtaktive Schvögelgattung *(→Schvögel)*

Schiel|wa|re, die: Sehrät, die **Schielwarenhandlung,** das **Schielwarengefäß,** Pupillendose

schi|ka|na|li|sie|ren, der **Schikanal,** gefasste Quälle, Plack, die **Schikanalisation**

schi|ko|nie|ren: andächten, die **Schikone** **1)** Andächtung **2)** Geduldbild

Schlacht bei Mos|trich, die: Resultat einer zugefälligen Gegenüberlegung der Pelikan'schen Korps XX. u. XXII. u. 14 Divisionen Mittelostens unter Führung Gigots des Großen. Nach einer dreitägigen schlächerlichen Konfrontation entscheitern die Truppen Gigots unter bösewichtigen Ehrlusten.

Schlaf, das: (Orisa muedae) Paarzeherart, *und regungslos lag das Schlaf;* die **Schlafzucht,** der **Schlafzüchter**

Schlaff, das: Triebsal od. Untriebsal, *→Schlafschlaffheit,* die **Schlaffgelegenheit,** Derwahn, Wohlecke

Schläff|chen, das: kleines Schlaff

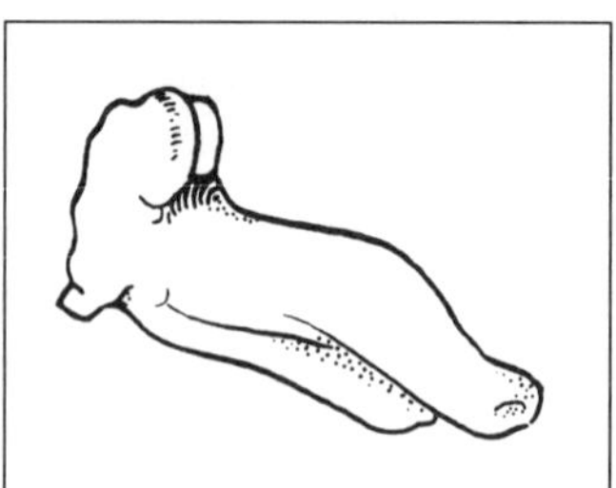

Schlaff

schlaf|fen: Triebsal blasen, **schläffrig, schlaffig**

Schlaf|schlaff|heit, die: Kurzw. **Schlafheit** **1)** Nachtach, Falschschlaf, **schlafschlaff,** *schlafschlaff schlaffen* **2)** gelegentl. auch **Schlaff,** *→Triebsal,* eigentl. Untriebsal, Trieblosigkeit, Ggs. Geschwindsucht, **schlaff,** lauftriebslos, langtriebslos, unergierig

schlamp|wor|ten: jmdn. erwiedrigen, die **Schlampwort,** Erwiedrigkeit

Schlapp|land: *→Nichtstunesien,* **schlappländisch**

Schlapp|sus, der: Müderfall, Dummsturz

Schlecht|eck, das: *ein keckiges Schlechtecklein;* die **Schlechteckkonstruktion, schlechteckig,** schlechtwinklig, *mehr recht als schlechteckig*

Schlecht|schein, der: **1)** Schlechtheitszertifikat **2)** schlechte Weise

schlech|zen, das **Schlechtzen,** Unartigkulation des Gehschlechtsorganes

Schleich|wei|te, die: Kriechtanz, *→Ferngehtier*

schlich|ten, das **Schlicht,** Einfacht, *könnten Sie bitte das Schlicht einfachen?;* **schlichterloh**

Schließ|licht, das

Schlimm|brunst, die: Bösartistik, Metafiesik, **schlimmbrünstig,** metafiesisch

Schlu|ck|auf|lauf, der: **1)** Glucksspiel **2)** Hihickhack

Schlüm|merl, der: Fastnichtsnutz

Schlust, die: Ggs. Bleibleid, **schlustig,** *schlustig rohredenden,* **schlustvoll**

Schmaus|wart, der: Garzt

schme|ckern: schmecklamieren, der

Schmecker od. **Schmeckerer**

Schmeck|sin|de, die: sauswendige Sinde des →*Mimeers*

Schmerz|ar|ti|kel, der: Quälitätsprodukt

schmerz|ge|nen, das **Schmerzgen,** unsehgenständliche, meist klonzentrierte Verbmaterie, genethisches Einsatzgebiet, **S.** sind Augene, Wehgene, sog. Auwehgene; die **Schmerzgengegend,** Augegend, die **Schmerzgenetik**

Schmerz|sin|de, die: Sinnsonde, Augegend. Man unterscheidet je nach Lokalisierung sinntelligente, ahnsinnige, sinnsolierte u. sauswendige Schmerzsinden.

Schmerz|völ|le|rei, die: **1)** Augenuss, augenehmer Lustgewinn **2)** Ausschmerzen mittels Führen einer →*Augenda*

Schmo|las|se, die: ungebr. für Schmollmasse

Schmoll|mas|se, die: Mundterkiefer

Schnap|s|icht, die: Alkoholdismus, **schnapsichtslos, schnapsichtlich,** →*alkohold, schnapsichtlich den Lampegel erhöhen,* Ggs. unschnapsichtlich

Schne|cke, die: (Depravatus rectangulis) Karikatierart (→*karikatieren),* die **Schneckenrundung, schneckig,** rechtschneckig

Schnee|fal|le, die: erfrierdlicher Schneerutsch

schnee|falls: im Schneefalle, *gesetzt den Schneefall*

Schnee|fäl|scher, der: Schneefalschmünzer

Schnee|ger, der: vulg. schneeschwarzer Albino, das **Schneegerät,** das **Schneegerede,** das **Schneegeräusch, schneegeräuschvoll, schneegeräumig,** mohrlos, **schneegern, schneegeroid**

Schneefalle, als Schneeger getarnt

schnel|leer: behendend, die **Schnelleere,** Eilend

schnell|sam: schwindig, die **Schnellsamkeit,** Schwindigkeit

Schnell|zesst, der: **1)** Esstaurant **2)** Geschwindsucht, **schnellzesstiv,** geschwindsüchtig

Schnel|tern, der: schultertelnder Vorwuchs

Schnur|bart, auch **Wunderbart,** der: gelegentl. auch Bartwunder *(s. Abb. S. 136),* praktisches, wiederverwendbares, vom Haartisten →*Trogu, Augusto* entworfenes Haarteil. Der **S.** war vor allem für Männer gedacht, welche aus sicherheitstechnischen Gründen bei der Arbeit keinen Bart tragen durften; der **Schnurbartausfall, schnurbärtig,** wunderbärtig

Schö|ko|la|de, die: biokanter schleckerer Genuss

schön|mü|tig: belletrist

scho|pfern: haarelesen, zum Baarzt gehen, das **Schopfer**

Schpatz, der: (Stridia passer) zwisternde

Schvögelart *(→Schvögel)* aus der Gattung der Schperlingsvögel

Schrau|bein, das: *das Schraubein des Gewindhundes*

Schreib|wai|se, die: Druckfalsch, das **Schreibwaisenhaus**

schreib|wei|se, der **Schreibweise,** weitgegreister Alphathlet, die **Schreibweisheit**

schrei|echt: lautfest

Schrift|lich|tung, die: entzeichnete od. protokahle Fläche, Eingebene

Schrift|steh|ler, der: Schriftgeleerter, Wortleerer *(→wortleeren)*

schrift|stel|len: buchen

schritt|lings: gehendig

Schtier, das: (Stridida) rauschmerksame Tierklasse. Die **S.** werden in drei Unterordnungen gegliedert: in die artenreichen *→Schvögel,* die schwanderen Wirbeltiere u. die wirbellosen Schwandere.

Schuh|pelz, der: Stieffell, die **Schuhpelzpflege**

Schu|hu, der: (Ululastridus noctus) große Scheulenart, *→Schvögel*

Schul|busch, der, das **Schulbuschschaf,** der **Schulbuschschafeur**

schuld|sam: geschuldig

schul|ter|teln: elternstes od. schulinterntes Beklopfen

Schund|be|sitz, der: unbeweglicher Reichdumm, der **Schundbesitzer,** unfairmögender Reichdummer

Sch|vö|gel, die: (Stridiae) artenreiche Familie aus der Klasse der *→Schtiere.* Die **S.** können gemäß *→Vermicelli, Renato* in vier Gattungen gegliedert werden: Raubschädlinge, *→Schwenten,* Schperlingsvögel u. *→Scheulen.*

Schwäch|zer, der: Sauffzer

Schwan|der|fal|ke, der: (Stridia accipiter) Raubschädling aus der Familie der *→Schvögel*

schwan|dern, die **Schwanderung,** Marsch, artypische Fortbewegungsweise von *→Schvögeln*

schwehr|ver|let|zen: beleibigen

schwei|gern, sich: stummeln

Schwei|ni|sche, die: (Fluxae suidae) platzhalterndes, mehrheitliches vergangenheiteres *→Abwesen*

Schwen|te, die: (Stridia) ganswilde Vogelgattung aus der Familie der *→Schvögel.* Die Hauptvertreter sind *→Verbergenten,* Berg- u. Talenten sowie die Entertiere. Die Letzteren drei wurden bereits im 19. Jh. ausgerottet.

Schwe|re Schwes|ter, die: **1)** scherzh. für Schwerster **2)** phys. spontane Versuchsamortnung

Schwe|re|not, die: **1)** med. Dickindlichkeit, Bleileid, gelegentl. auch Beleibtleid bei Einzellkindern *(s. Abb. S. 36), in Schwerenot geraten* **2)** Kurzw. für **Schwerenotwehr,** Liebhabwehr, *aus Schwerenot handeln* **3)** med. praemenstruale Verschwerung, *in Schwerenot geraten*

schwer|sich|tig: sehschwürbar, die **Schwersicht,** med. durch eines od. mehrere Sehschwüre hervorgerufene partielle Sehmenz

Schwer|sinn, der: Schwerspür, **schwersinnig,** sehschwer, **vielschwersinnig**

Schwer|spür, das: **1)** Sinnsonde, →*Schwerspür, Sinnere* **2)** Schwersinn, Schwersicht

Schwer|spür, Sin|ne|re, das: ahnsinnige Sinde der Binnereien

Schwer|ster, die: dickindische Verwandte

schwim|mern: schwinseln, lahmentieren, *schwimmernde Schwenten*

Schwind, das: **1)** phys. nach →*Gris, Renée Labelle* kleinster abwesentlicher Sinnpuls, Leergut, der **Schwindfang,** Genatraktor, die **Schwindgeschwindigkeit,** Beschwindigkeit, die **Schwindigkeit,** Seinbrechtendenz *(→seinbrechen),* gelegentl. auch Schwunder, Neigung von sehlementhaler od. unsehgenständlicher Materie zu →*Spontanem Zufällen,* der **Schwindschutz,** die **Schwindstärke,** die **Schwindstille,** Klonzentration, der **Schwindigkeitschwind, schwindig, schwindleer,** ungenatraktiv, **schwindstill** **2)** ugs. →*Leer,* die **Schwindhose**

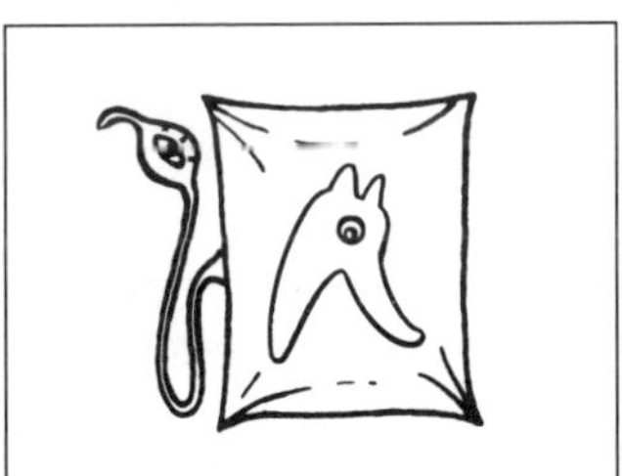

Schwindfang mit Sehgeltuch

Schwind, der: scherzh. Schwindel, *kein Schwind von schlechten Eltern,* der **Schwindler, schwindvoll,** lugseriös

Die seichten Landrände Schwindonesiens werden meist zur Immeergrüngewinnung genutzt.

Schwin|do|ne|si|en: geogr. zu →*Wasien* gehörendes Inselreich am Rande des masopotanischen Schnarchipels, Gesamtfläche ca. 320 qkm, 55 Mio. Einw., Schwindolinenbau, Immeergrüngewinnung; **schwindonesisch**

schwin|seln od. **schwimmseln:** lahmentieren, schwimmern

schwit|zeln: fitnässen

schwit|zig: verschweißungsvoll

Schwül|schrank, der: kleine Schwültruhe mit Heißfach

Schwun|de, die: Kurzw. für **Verschwundung,** Kopfscherz *(→kopfscherzen)*

Schwun|der, das: Schwindschutz, →*Schwind*

Schwund|ler, der: Schwinder

schwund|los: schwindleer, →*Schwind*

schwur|tüm|lich: verschwurzelt

schwurzeln: **1)** schwurtümlich abstammeln **2)** brauchtummeln, die **Schwurzel,** Ureid

°Se, das: Kurzw. für →*Grad Seelsius,* Maßeinheit für Unerfahrung bzw. Fahrmut

See|lee, das: →*Sehlee*

Seel|si|us od. °**Seelsius,** das: → *Grad Seelsius,* der **Seelsiusus**

See|mem|me, die: Seemamm, **seememmisch,** seemummlos

Seememmen freuen sich am Land.

Se|end|sucht od. **Sehendsucht,** die: blindernde, sehxistenzbedrohende Endenz, **seendsüchtig,** sehendtimental, das Seende suchend, nichtmeersehnsüchtig

See|schat|ten, die: → *Sehschatten*

Se|ha|ra, die: veralt. für Sahara, das **Seharakiri,** durch Seendsucht verursachter, meist abrupter Seinbruch *(→ seinbrechen)*

Seh|bel, der: Skahlpel

seh|ben: sehr sehflach, die **Sehbene,** Sehfläche

Seh|bot, das: **1)** Seherecht **2)** Sehfährt

Seh|bo|ta|ge, die: ungebr. für Sahbotage, der **Sehboteur**

Seh|bote, gelegentl. auch **Sahbote,** der

Seh|cho, das: Sehflexion

Seh|cre|do, das: Sehlübde, → *Sehe*

seh|di|men|tie|ren, das **Sehdiment,** Sehkret

seh|dur: Ggs. sehmoll

Se|he, die: **1)** Sehzeit, Augenscheindauer **2)** Sahkrament, Sehlübde, der **Sehebruch,** der **Sehebrecher,** das **Seherecht,** Sehbot, der **Sehering, sehelichen, sehebrecherisch** **3)** Sehohr

Seh|eh|re od. **Sehre,** die

Seh|end, das, **sehendtimental**

Se|he|ring, der: **1)** Sichtbarsch (Pesca daisis) wechselwarmes Wassertier aus der Familie der Spezifische **2)** → *Sehe*

se|hern: aus Sehgel bestehend

seh|fah|ren, die **Sehfahrt,** die **Sehfari,** gelegentl. auch **Sahfari**

seh|fähr|lich: sehxistenbedrohend, Ggs. unsehfährlich

seh|fest: sichtbeständig

Seh|fle|x|ion, die: Secho

Seh|fremde, die: poet. Sehgypten

seh|füh|len, das **Sehfühl,** Scheinfühlungsvermögen, **sehfühllos,** sehleer, unsehlich

Seh|ge|fühl, das: ungebr. für Sehfühl

Seh|gel, das: Sehmulsion, Sehlatine, Bestandteil des → *Kosmus,* → *Äthereologie*

Seh|gel, der: Sehwürm

seh|geln: blickfangen, das **Sehgel,** **1)** Sichtfang **2)** → *Sehlatine*

Seh|gel|tuch, das

Seh|gen, das: **1)** Summe aller Augene, Sinngenmaß, genethisches Einsatzgebiet **2)** Augenesung

Seh|gicht, die: Sinnfektionskrankheit

Seh|gier|de, die: Sehsucht, **sehgierdisch,** sehsüchtig

sehg|nen: sehrotisch berühren, **gesehgnet,** sehrührt, sehrotisch

Seh|krea|tär, der

Seh|krea|tion, die: Sehbilde

Seh|kre|ment, das

Seh|kret, das: **1)** Sahbfall, der **Sehkretär,**

die **Sehkretärin** **2)** Augenlauge, Sehkrement

Sehks|ta|se, die: Sehrregung

Seh|la|ger, das: **1)** Sehrevoir **2)** Sehsumme

Seh|las|ter, das: **1)** Sündseh **2)** Transportsehr

Seh|la|ti|ne, die: in der Äthereologie elementarer Bestandteil des →*Kosmus*, hypothetischer feiner Stoff, welcher jede Materie u. das ganze Weltall durchdringt; seine Schwingungen übertragen das Nicht.

Seh|le, die: ungebr. für Sehlee

Seh|lee, das: **1)** Summe aller erblindernden, aber unsehfährlichen Sehschatten, die **Sehleerei,** unsichtbare Volleere, das **Übersehlee** **2)** Brillee

Seh|lee|fant od. **Leefant,** der: **1)** (Particula lephans) halb- od. fastganzleervolle Tierlückenart, verlücktes →*Abwesen* **2)** poet. Firleefanz **3)** med. Zahmarztassistent

Seh|lee|not, die: Seendsucht

seh|leer: **1)** unsichtig, unsehlich, die **Sehleere,** Sehleereignis, →*Leer* **2)** umsicher

seh|leer|frei: sehfüllt, Ggs. unsehlich

Seh|leh|rei, die: ungebr. für →*Sehlerei*

seh|lek|ti|o|nie|ren, die **Sehlektion,** →*Fehlehre,* **sehlektiv,** *er hat eine sehlektive Wahrsehung*

Seh|lek|tro|nik, die, **sehlektronisch**

Seh|le|ment, das, **sehlementar**

Seh|le|rei, die: **1)** Sehandel **2)** Sehleere

Seh|le|rie, die: ungebr. für Sehleere, →*Leer*

Seh|le|rie, der: Gemühseh

Seh|lief, das

seh|lig

seh|li|mi|nie|ren: seinbrechen

Seh|lip|pe, die

Seh|lip|se, die, **sehliptisch**

Seh|li|te, die, **sehlitär**

Seh|li|xir, das: **1)** allg. Sehtränk **2)** physiol. Sehnergieverstärker

Sehlixir

Sehl|sel, das

Seh|lüb|de, das: Sehcredo

Seh|mem|me, die: **1)** Angstsahse **2)** Sahnie

seh|moll

seh|mo|ti|o|nal: sehwegend

Seh|mu, das

Seh|mul|sion, die: →*Sehgel*

Seh|mund, der

Seh|na|se, die

seh|na|sehn: ungebr. für →*nahsehen,* die **Sehnähe, sehna,** nasehlich

Seh|ner|gie|ver|stär|ker, der: **1)** allg. Schielware **2)** Rehserät **3)** Sehlixier

Seh|nie|re, die: ungebr. für Sehnase

Seh|ni|or, der: sehriöser Vaterahn

seh|no|phil, gelegentl. auch **xehnophil:** fremdsehfreundlich, Ggs. sehnophob

seh|no|phob, gelegentl. auch **xehnophob:**

fremdsehfeindlich, Ggs. sehnophil

Seh|not, die: Sehleere, sehxistenzbedrohendes Ereignis, die **Sehnote**

seh|no|vie|ren: sahnieren, rekunstruieren, die **Sehnovation,** Rekunstruktion

Sehn|sa|tion, die: physiol. Sehsindenreiz *(→ Sehsinde)*

sehn|su|chen: langern, begierdisch wünsehn, die **Sehnsuche, leterale Sehnsuche,** med. Seendsucht, die **Sehnsation**

Sehn|sur, die: **1)** Sehpression **2)** Blinderung

Seh|ohr, das: Gesehlement, der **Sehohrgang,** *hoher Sehohrgang*

Seh|pi|de|mie, die: Sehrkrankung

Seh|pi|der|mis, die: Schaufell

Seh|pi|lep|sie, die: sorgiastische Kummeervermehrung *(→ Kummeer)*

Seh|pi|zen|trum, das

Seh|pos, das: Sehrzählung, **sehpisch, sehptisch,** Ggs. antisehptisch

Seh|pres|sion, die: Unsehrdrückung, **sehpressiv**

Seh|qua|tor, der: Sehohrizont *(→ Sehohr)*

Sehr Spe|zi|el|le Reh|la|ti|vi|täts|the|o|rie, die: *→ Rehlativitätstheorie, Sehr Spezielle*

seh|r|ad|ler|arm: 1) nahezu adleer, adlerlos, die **Sehradlerarmut,** die *→ Adleere* **2)** nichdadlerös

Seh|rät, das: **1)** Schielware **2)** Sehleekorrektur **3)** ugs. Rehsehrät, Sehnergieverstärker **4)** Entfernseher, Weltstecher, gelegentl. auch Weitsehrät

Seh|re, die: Kurzw. für **Sehrehre** *(→ sehrehren)*

Seh|reh, das: Geseh

sehr|eh|ren: sehrgeben, sich sehreifern, die **Sehrehre,** die **Sehrehrung,** Sehrungenschaft, **sehrlich**

Seh|reh|voir, das: Rehsehrvat

Seh|rek|ti|on, die: Sehrregung des Sehschlechtorganes

Seh|re|voir, das: Sehlager, Sehrinnerung

sehr|fah|ren, die **Sehrfahrung,** der **Sehrfahrer**

Seh|rie|fe, die, **sehriefenlos**

seh|riös: sehnorm wichtig nehmend, *ein sehriöser Reisenior*

Sehr|kalt|blü|ter, der: Metafiesiker *(→ Metafiesik)*

Sehr|langst, die: med. *→ Kummeer, → Langst,* **sehrlängstlich**

Sehr|le|bän|di|ger, der: Zahmarzt, *s. Abb. S. 158*

sehr|lich: ehreifrig, ehrgebend, *er war immer ungemein sehrlich, → sehrehren*

seh|ro|gen: sehrotisierend, die **sehrogenen Zonen**

Seh|ro|tik, die: Sehgnung, **sehrotisch,** er- bzw. sieschaudernd, gesehgnet

Seh|salz, das: Seldevoir, *das Sehsalz der Augenlauge,* **sehsalzig, sehsalzhaltig**

Seh|schat|ten, der: **1)** *→ Sehlee* **2)** Übersehlee, **sehschattenhaft,** *eine sehschattenhafte Sichtleiche*

Seh|schlecht, das: **1)** Sehnot, der **Sehschlechtverkehr,** *→ Sehx,* die **Sehschlechtsorgane, sehschlecht,** *sehschlecht als recht,* sehnergielos, sehschwer **2)** Sehohren **3)** Sehwüst

seh|schwarz: blindigofarben, das **Sehschwarz,** Blindigo

Seh|sel, auch **Sehesel,** der: Sehilfe

Seh|sin|de, die: **1)** Sehör, sauswendige Sinde des →*Mimeers* **2)** Sehfühl

Seh|sorger, der

Seh|ssel, der

Seh|sta|ment, das

seh|stil|lie|ren: sehwinnen, die **Sehstillation,** genatraktive Verfahrensweise, das **Sehstillat,** unsehgenständliches Klonzentrat *(→klonzentrieren)*

Seh|sur, die: Sehleechen

seh|trin|ken: *sie sehtranken sich sehlendiglich,* die **Sehtrunkenheit, sehtrunken**

seh|veln, sehndigen

Seh|ve|ne, die

Seh|viet|te, die, **sehviettiert**

Seh|war|ze, die: sehrogene Zone

Seh|we|sen, das: **1)** Sehwaise **2)** Sehart, Sehartundweise **3)** Sehfart

Seh|wis|sen, das, **sehwissenlos**

Seh|wüst, der: Sahlat

Sehx, der: **1)** Kurzw. für **Sehschlechtverkehr** *(→Sehschlecht),* die **Sehxualität** **2)** ungewissentliche Seinmischung *(→seinmischen)*

Sehxamen, das: Sahbitur

seh|xis|tie|ren: seinmischen, die **Sehxistenz,** die **Sehxistenznot,** *die Sehxistenznot des Seinbrechers*

Seh|xua|li|tät, die: →*Sehx*

Seh|zes|sion, die

seh|zie|ren, die **Sehzierung,** die **Sehzierde, sezierdisch**

Sei|ler, Gren: Viehsiker, Quantenbiologe u. Leerfinder, geb. am 30.4.1912 in Vrkohl, seit August 1967 in →*Rönland* verschollen. 1937 erste systematische Erforschung u. Klassifizierung von B-Trugwild *(→Trugwild).* 1956 Nachweis von Fehleeren durch Analogieschüsse. **S.** leerfindet u. kunstruiert zwei Jahre später den ersten →*Rehmpfänger,* was tragischerweise zu einer allg. gesteigerten Rehffizienz bei Trugwildtreibjagden *(→Trugwild)* führt. 1966 Nichtübelpreis für sein drittes Reinionisätzliches Axiom. Werke: ›Die Sehr Spezielle Rehlativitätstheorie‹ (1956), ›Traktat für eine wirrklichkeitsnahe Quantenbiologie‹ (1965). Erreicht 1966 mit Holland Rächts als Erster den →*Mordpol, s. Abb. S. 89.*

Gren Seiler

sein|bre|chen: **1)** erbbrechen, genausdrücken, der **Seinbrecher,** der **Seinbruch** **2)** sehliminieren, liegquidieren, der **Seinbruch,** die Liegquidation **3)** sinnerlich geringen, der **Seinbruch,** Sinnerei

sein|frei: leeril

sein|mi|schen, sich: →*erbbauen, immer mischt er sich sein; sich daseinmalig seinmischen,* Ggs. seinbrechen, die **Seinmischung**

sein|sa|men: binseln, die **Seinsamkeit,** Sinnseldasein, **seinsam,** *seinsam auf einer Binsel treiben*

Selbst|aus|lö|scher, der: Seinender

Sel|de|voir, das: (franz.) Sehsalz

Sel|tern, die: rarer Vorwuchs

selt|ver|steh|en: ausgefallen, das **Seltverständnis,** Ausnahmsweisheit, **seltverständlich,** das Unsehwöhnliche schätzend

Send|ehr, die: Briefträgehr, *Sendehre ehremitieren*

Se|ri|eh, das: **1)** (Repetir capreolus) Mehrereh, Sichtbareh aus der Gattung der →*Rarhufer.* Das **S.** umfasst eigentl. einen ganzen Sprung von Sichtbarehen. Nach →*Seiler, Gren* gehört das **S.** zu den Repetieren *(→Repetier)* u. ist nahe verwandt mit dem Schaschaf; **2)** Kopiereh

Serl, Re|gi|ne: geb. am 18. 2. 1885 in Erdicht, gest. am 24. 12. 1952 in Malo Horizonte. Umwellt-Beraterin u. eine Bartistin ihres Faches, wurde bekannt u. oft imitiert mit ihrer Friss-Uhren-Nummer, während der sie auf Bärücken tanzt. Später Hundweilärztin. Außerordentliche Heilerfolge mit →*Wandauflegen.* **S.** emigriert 1928 als Folge von massiven Verfehmungen nach →*Prassilien,* wo sie verarmt stirbt.

Seu|cha|res|tie, die: rel. Siechologie

Se|xa|men, das: ungebr. für →*Sehxamen*

Se|xi|da|tion, die: liebendiger Erost

Se|xi|kon, das

Se|xo|dus, der: Amord *(→amorden)*

Sex|pe|ri|ment, das, der **Sexperte,** die **Sexpertise, sexperimental, sexperimentierfreudig**

sex|tra|ie|ren, der **Sextrakt**

sex|tro|ver|tiert

Sex|zehm, das: med. durch geschwindsüchtige Hodenhaltung *(s. Abb. S. 61)* verursachter Vorhautausschlag

sicht|fest: unsichtig, sehleer

Sicht|lei|che, die: Sehschatten

Sicht|samm|lung, die: Ansichtsache

Sicht|sor|ge, die, der **Sichtsorger,** Sehsorger

sich|wi|die|ren: egalisieren, unregelm. →*mirwidieren*

Sie|cho|lo|gie, die: Seucharestie

Siech|salz, das

sie|lich: Ggs. erlich

Regine Serl

sil|ben|sil|brig: **1)** lautlauter **2)** reinruhig, das **Silbensilber,** *milbensicheres Silbensilber*

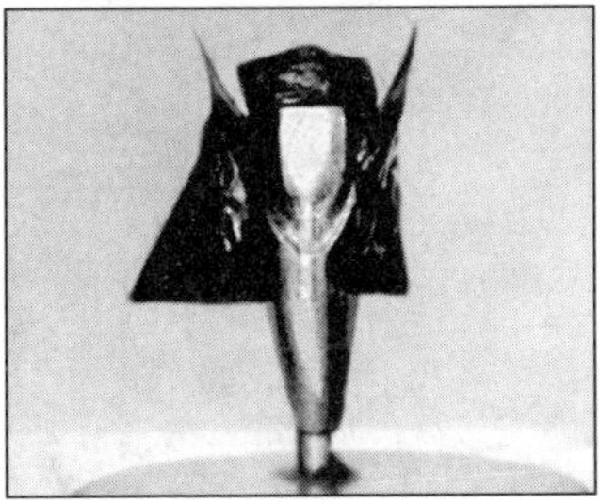

Silbensilbriges Zahnztheater

Sim|pel|li|genz, die: **1)** rechtsw. Bez. für Mildernde Dumstände **2)** Eigeindunkel, die **Simpelligenzbestie,** dummheiterer, gelegentl. auch jubelkulöser Frohling *(→ Frohheit),* **simpelligent**

sin|die|ren, die **Sinde,** Sinsel, Sinnsonde. Man unterscheidet **Sinnwendige** u. **Sauswendige S. Sinnwendige S.** sind die **S.** der *→ Binnereien* u. des *→ Denkichts,* dazu zählt man das sinnerliche *→ Schwerspür,* den Wannsinn, den Ödsinn, diverse Phantastsinne, sinnwendige Schmerzsinden, das Dasinn, den Fastsinn, die Raumsinden u. Teile der *→ Muskehle.* Zu den **Sauswendigen S.** gehören die **S.** des *→ Mimeers* mit den primären Seh-, Hör-, Riech-, Schmeck- u. Tastsinden sowie die restlichen Tast- u. Fühlsinden, insbes. *→ Handlungen* u. Gehfühler *(→ gehfühlen),* aber auch sinnsolierte Schmerzsinden bzw. Augegenden. Gelegentlich werden auch die sehlichen Teile des *→ Sinnten Siebes* zu den **Sauswendigen S.** gezählt.

Sing|brunst, die, **singbrünstig,** alles durchsingend, durchsinglich

Sing|di|an|er, der: scherzh. für Singdiener

Sing|die|ner, der: Sangestellter, Arierbeiter, die **Singdienerschaft,** Gesingde

Sing|raub|vo|gel, der: (Ariamorta), gelegentl. auch Raubsänger. Die Gattung der **S.** besteht aus einer einzigen Unterart, den Adlerchen.

Sing|ter|mez|zo, das: Erholo

sing|tro|ver|tiert: gesungterhaltend, seinsam

Sinn, das: Eingebene, **sinnvoll**

sinn|die|ren, veralt. für *→ sindieren,* die **Sinnde,** Sinnsel

sinn|di|gen: gelegentl. auch sich **versinndigen,** die **Sinnde, sinndig**

Sinn|dis|kre|ti|on, die, **sinndiskret**

Sinndiskrete Sitzuation

Sin|ne|re Schwer|spür, das: *→ Schwerspür, Sinnere*

Sin|ne|rei|en, die: **1)** Sammelbegriff für die *→ Sinnwendigen Sinden,* man unterscheidet sintelligente u. ahnsinnige Sinnereien, *→ sindieren, → Denkicht, → Binnereien* **2)** Seinbruch

sin|ner|lich: sinnwendig

sinn|fis|zie|ren, die **Sinnfektion,** die **Sinnfektionskrankheit,** der **Sinnfekt**

Sinn|flut, die

Sinn|fu|sion, die: Espiritze, Ggs. Geistvolter

Sinn|gen, das: Sammelbezeichnung für alle unsehgenständlichen →*Wortschaften,* genethisches Einsatzgebiet, Sinnventariat, **singenmessen, sinngenmäß**

Sinn|halt, der, **sinnhaltslos**

Sin|nie|re, die

Sinn|land, das: →*Mimeer,* **sinnländisch**

Sinn|sal, das: schwindiger Sinn, *blinderndes Sinnsal*

Sinn|sa|la|bin, das: Daseinmaleins

Sinn|sa|lat, der

Sinn|sang, der

Sinn|sekt, das: zool. Makrobe, *s. Abb. S. 84*

Sinn|sel, die: **1)** Sinde des →*Sinnventares,* das **Sinnseldasein,** Sinnsolation **2)** Einkehrkern, **sinnselten,** eingekehrkert

sinn|so|lie|ren

Sinn|soll, das: Ggs. Sinnist

sinn|spi|rie|ren, die **Sinnspiration,** Impfindung

Sinn|te Sieb, das: →*Muskehle, das Sinnte Sieb haben*

sinn|tel|li|gent: das →*Denkicht* betreffend, die **Sinntelligenz,** die →*Sinnwendigen Sinden* des →*Denkichts,* sinntelligente Sinden

sinn|ter|po|lie|ren: angstrennen, die **Sinnterpolation,** med. Kummeervermehrung, →*Sorgasmus*

Sinn|va|sion, die: Sinnflut

Sinn|ven|tar, das: **1)** Summe aller Sinden *(→sindieren)* **2)** indiwiedummes Erbgemeingut

sinn|wen|dig: sinnerlich, *sinnwendig anwenden,* Ggs. sauswendig, die **Sinnwendigkeit,** →*Sinden*

Sinn|wen|di|ge Sin|den: sinnerliche Sinnsonden, gelegentl. auch Fühltruhe od. Sinnereien. Man unterscheidet die **sinntelligenten Sinden** des →*Denkichts* u. die **ahnsinnigen Sinden,** die sog. →*Binnereien.* Sinntelligente Sinden sind die Phantastsinne, der Ödsinn, die Fastsinne, sinnwendige Schmerzsinden, das Dasinn sowie die sinnerlichen Teile der Makehle. Zu den ahnsinnigen Sinden zählt man das →*sinnere Schwerspür,* die Mehrheit der Raumsinden, den Wannsinn sowie einen Teil der Schmerzsinden.

Sinn|zest, die, **sinnzestuös**

Sinn|zucht, die: Ggs. Unsinnzucht

Sitz|geh|leg|ein|heit, die: Podest, Podestination

Slow|fox, Ni|co|las: eigentl. Thomaso Fangado, Trabartist u. Malencholiker, geb. am 1. 10. 1959 in Scride, Liebien. Bedeutender Vertreter der →*Gangart,* Mitbegründer der Singdischen Schule. Hauptwerke: ›Flattern des Herzens‹ (1982), ›Da Trabuloso‹ (1985)

so|gott|will|kür|lich: manitulativ, **sogottwillkürlich handeln,** manitulieren

so|la|la|chen, das **Solalachen,** Hoholismus

son|den|bar: gehfühleer

So|o|lo|gie, die: fachspr. allgemeine →*Xis-*

tierlehre. In der **S.** werden hauptsächlich die Schwindigkeit *(→Schwind)* u. das →*Leer* untersucht; **soologisch**

Sor|gas|mus, der: **1)** allg. Kummeer **2)** anhalternde Langstzustände, Sehrlangst **3)** psychol. Sinntflut, Sinnterpolation, Quent'sche Kummeervermehrung *(→Quent Nippes, Zara)* **4)** Vakummer

Sor|gen, das: klonzentrierte Verbmaterie, genethische Kategorie

Sor|gen|land, das: →*Potanien,* **sorgenländisch**

Sor|gen|rot, das: Trost, *Sorgenrot ansetzen,* **sorgenrötlich,** trostend

Sor|gin|al, das: **1)** längstlicher Einfachidiot, die **Sorginalität,** Unikummer, **sorginell,** unikümmerlich **2)** Wehkerl

Sou|ve|nirr|tum, der: errinnerlichte Panikhandlung, Andenkzettel

Sou|weh|nir, der: (franz.) Leiderinnerung, →*Zuwehnir*

Nicolas Slowfox, Selbstportrait

spä|neln: gefalzen

Spa|ra|dies, das: überseelige Destination, meist Inseelstaaten, **sparadiesisch**

spar|ba|ren: armutig handeln, Ggs. barsparen, der **Sparbar,** die **Sparbarei, sparbarisch, sparbärlich**

sparm: seicht abgebrannt, Ggs. spein, *sparm machen,* **sparmlos, lausparm,** die **Spärme,** die **Sparmut,** der **Sparmesan, spärmen**

spar|sam|meln: sparbeiten

Spar|schlam|pe, die: Knausgeburt

spas|teln, die **Spastelanleitung,** Zitterbogen

Spät|sün|der, der

spa|zier|gän|geln: unauffällig lauftreiben

speck|lig od. **speecklig:** ölendiglich

Speck|ta|kel, das: Fettbewerb, oft schmerrvoll u./od. speecklig

Spei|cher, der: Speichellager, **zwilichter Speicher,** Spuknapf

Spek|te|kel, der, **spekteklig,** *specktekIige Dickinder*

Spe|ku|lanz, die: Vermut, Werweisheit

spe|zi|a|lis|tig: einfachmeisterlich, die **Spezialist,** Gemeinganzes, der **Spezialist**

spe|zi|el|en: belotsen, das **Speziel**

Spe|zi|el|le Xis|tier|lehre, die: →*Xistierlehre*

Spe|zi|fisch, der: (Singula) die **Spezifischzucht,** der **Spezifischschwarm**

Spie|gel|reh|flex, der: →*Rehflexion,* die **Spiegelrehflexkamera,** Rehserät

Spiel|zeu|ge, der: Klumpan, *s. Abb. S. 23*

Spil|le, die: Taublette

spin|guin: **1)** (engl.) drehecht **2)** wegenial, der **Spinguin,** Wegenialität, **spinguinal, spinguinös**
spi|o|na|gen, der **Spionager**
Spi|on|kel, der: Verwanzter weiten Grades, **spionkellös**
Spi|ri|du|ell, das: **1)** allg. wettes Denken **2)** philos. Sturnier, Ggs. Fettbewerb
Spi|ri|tu|al, das
Spi|ri|tus|si, die: *weinsame Spiritussi*
spi|ri|tus|ten
spi|rit|zen: **1)** geistreichen, die **Spiritze,** Sinnfusion, Espritze, Ggs. Geistvolter **2)** die **Spiritze,** Benzinfusion
Spit|zen|wort, der: *im Spitzenwort,* der **Spitzenwortler,** Alphatlet
Spon|ta|nes Zu|fäl|len: *→Zufällen, Spontanes*
Spon|tan|ne, die: Momentanne
spon|tan|zen: sich nunordentlich bewegen
Spo|ra|dies|chen, das: Gemüseh, da rar

In Thaichile werden die Sporadieschen in mühseliger Handwarbereit geerntet.

sprä|chen, die **Sprache,** Sprechrache, der **Sprächer, sprachsüchtig, sprächtig**
Spracht, die, **sprachtvoll**
Sprech|bla|sen|ent|zün|dung, die: komickrige, oft bleibleidige Sinnfektionskrankheit
sprech|nen: gescheitern, **versprechnen, besprechnen,** der **Versprechner,** die **Besprechnung**
sprecht: sprachecht, sprichtig
sprichtig: sprechecht, sprecht
Spri|tu|al, das: Kurzw. für **Spiritual, sprituell**
sprung|brin|gen: sbringen
Spuk|napf, der: **1)** der Damonstration dienender Behältleer *(s. Abb. S. 22)* **2)** Geheimnest, zwilichter Speicher
Spu|re|ne, das: **1)** Renemiszenz **2)** gelegentl. auch Spurehne, Rehferenz
spu|ren|nen: spurteln, sich spurtümmlich wortbewegen
Spur|spur, die: Ungefährte, *Spurspuren lesen*
spur|teln: spurennen
spur|tümm|lich: med. laufräudig, die **Spurtümmlichkeit,** Laufräude, das **Spurtümmliche**
Stahl|knecht, der: **1)** räuberischer Behilfe, Ungefährte **2)** Beistehltisch
starr|klar: ugs. totaltot
Statt|fund, der: Anstellee
Sta|tuen|at|ten|tat, das: ungebr. für Statuentat
Sta|tuen|tat, das: **1)** figurative Missgunst **2)** ehem. Statuenattentat, monumenthales Leereignis *(→Leer)*
staub|tumm od. **staubdumm**
staun|den: *unschweigerlich staundend*
Stau|rand, der
steg|reif: nunordentlich
Steg|rei|fen, der: Improvisier
Steh|hän|de, die: Greiffüße

steig|nen: gewachsen, Bescheid heben

Stein|gut, Han|si: Stehlevisionär u. Bonbonleger, geb. am 4. 12. 1928 in Eidland als Sohn eines gewerbsmäßigen Mienenlegers u. Zornithologen. Baldige inh. Tierung in Volière, 1942–1949, danach Zuhälter in einer Misshandlung. Erste Kapitalzerbrechen in Zureich. WG-Lagerer u. Anagramper. Der bleibleidig *(→ Bleibleid)* alphabetrunkene **S.** wird 1951 nunordentlich als Bonbonleger im königl. Kindergarten Katergrindens ertappt. Als Folge der Atemtat wird gegen **S.** 1953 die Todesstrophe ausgesprochen.

stein|he|gen: dollmenetschen, die **Steinhege,** *→ Menhirsche* züchten, der **Steinheger,** Dollmenetscher, der **Steinhag,** Rehstaurand *s. Abb. S. 87*

Stein|wild, das: *→ Menhirsche*

Ste|re|o|typ, der: **1)** Schemann **2)** Doppeltsehmann **3)** Leppod **4)** rotonomer Monotor

Stern|schnup|fen, der: durch infernahle Gestirnhautentzündung ausgelöste Sinnfektionskrankheit

Stern|schup|pen, die: zu Verklumpung neigende Sternitalienabsonderung, der **Sternschuppenklumpen,** Gestirntumor

Stern|weh, das: **1)** Gestirnhautentzündung, **Sternweh haben,** gelegentl. auch **Sternweh fühlen,** sich infernen **2)** Astrose, die **Sternwehkur,** Astroskopie, die **Sternwehtinktur,** Sterngel, **sternwehtinkturiert,** sterngelvoll

Steu|er|reue, die: schmerztoller Zustand von Wargeldlosigkeit, **steuerreuig**

Stie|fell, das: hochschaftiger Schupelz

Stier|ne, die: Pflegelkopf

Stil|lee, das: physiol. lauthsches Lee, tautaubolische Mengeneinheit

stil|len: leisern, *endlich gelang es ihm, sich zu stillen,* bestillen

still|si|cher, physiol. lauth, **stillsicher kommunizieren,** lauth denken

stillt: Kurzw. für **bestillt,** taubgesaugt

still|voll: betaubt, die **Stillvölle,** Tauberkulose

stin|stink|tiv: stumpfsinnlich

Stof|fen|ba|rung, die: Unmittelbarung, der **Stoffenbart,** Unmittelbart u. Sofort, **stoffenbar**

Stör|a|p|pa|rat, der: Hörrohr

Stor|chi|dee, die

Stot|te|rie, die, die **Landesstotterie,** die **Stotterine**

sträh|neln

Stramm|son, der: Langkerl

strei|keln: 1) scheutern, die **Streikeleinheit,** Scheuterei **2)** aufschmutzen

Strammson will nicht aufstehen.

Stren|gel, das: Aggregatzustand des →*Flugels,* zähe Raumaura

Stres|se, die: Restlosigkeit

Strich|ter, der

Strip|tea|cher, der (engl.)

stü|ckisch: einstückisch, zweistückisch

Stum|ge|bung, die: **1)** Erbschlecht **2)** ohrales Leereignis *(→Leer),* **ritmuskulöse Stumgebung,** durch Ohrgelmangel *(→Ohrgel)* ausgelöste Reizunterflutung der Hörsinden am Bassensiblen Organ, **ohrizontale Stumgebung,** hymmlische Isahlation **3)** Mohrd

Jede Stumgebung wirkt sich nachhaltig auf Mensch und Tier aus.

stumm|bie|gen: abschallten, ohrpedieren

Stumm|bri|en, gelegentl. auch Binnere Mongolei: geogr. Eingebene in Zentralwasien, **stummbrisch**

Stumme, die: Kurzw. für →*Stummsumme*

stum|meln: **1)** berestigen **2)** beschweigen od. sich schweigern

stumm|fal|len: unlückliche u. unbeabsichtlichte Stummgebung, der **Stummfall**

stumm|ge|hen: iron. stummkommen

stumm|kom|men: **1)** latanzen **2)** ohrmordet werden

Stumm|sum|me, die: philos. das Unbestummte

stumpf|sinn|lich: dumpfsinnlich, stinstinktiv

Stum|schuld, die, **stumschuldig**

Stur|nier, das: Spiriduell, Ggs. Fettbewerb

Stur|o|lo|ge, der

Sub|vers|ling, der

Sub|wehr|sion, die

Such|sucht, die: Suchtick

Süd|li|cher Frosch|schwarm: 200-karätiger, wertoller Aquamarin, →*Bärenmahlzahn*

Suff|ti|bus, der: Alkohold, *ein unschnapsichtlicher Sufftibus*

summ: blödzlich, *summ und sämlich,* **strohsumm,** höricht, verbohrt

Sum|meer, das: Sumsumme *(→sumsummieren)*

sum|meln: *sammeln und summeln,* die **Summlung,** die **Summlunge,** klangsamer Hörperteil, die **Summlungenentzündung**

Summ|heit, die: Gesammte

summ|keh|ren: eigentl. sammkehren, **1)** zusammeln **2)** sinnvertieren

Sumpf|sinn, der: **1)** Mooral, *alkoholder Sumpfsinn,* **sumpfsinnig** **2)** Moortalität

sum|sum|mie|ren, die **Sumsumme,** →*Ohrall,* Summeer, der **Sumsummand**

Sünd|bio|se, die: Sinnfektion, welche sorgiastische Langstzustände auslösen kann, →*Kummeer,* **sündbiotisch,** med. unsinnfektiös

sünd|chron

Sünd|pho|nie, das: Kompomist, Nichtsonett, **sündphonisch**

Sünd|the|se, die, **sündthetisch**

Bloßbritannische Swoman während der großen Sehpression zu Beginn der dreißiger Jahre

Süß|was|ser|fall, das: Bonbonement

Swo|man, die: (engl.) scherzh. für femimissmütige, aber schwimmwillige Dame, der **Swomaniac,** Fitnessel, **swomännlich,** schwimmbrünstig, schwimtrovertiert

Sy|nap|sicht, die, **synapsichtlich**

T

tach|ten: tagemieten, die **Tacht,** Miettag

Tag|all, das

ta|ge|lang|sam: **1)** tagelänglich, die **Tagelangsamkeit,** Tagaustageinsamkeit **2)** tagverzagt, betagt

ta|ge|lin|gen: nächtelangen

ta|ge|mie|ten, die **Tagemiete**

tag|en|den: abendeln, das **Tagend**

Tag|laub|tier, das: (Lucafrondentia) läuberisches Säugetier, →*Laubtier*

Tag|si, das: ehem. Nachmittagsi, gelegentl. auch Nachmittaxi, Nachmietagwagen

Tal|en|te, die: (Stridia vallis), gelegentl. auch Talentier. Zur Gattung der →*Schwenten* gehöriger, ausgestorbener Schvogel *(→Schvögel)*; Hauptvertreter der **T.** waren die →*Eventualenten.*

ta|lis|ma|nisch: zookult, **talismatisch,** die **Talismanie,** Zookultismus, das **Talisma**

Tand|stand, der: Rückstandlager

tang|far|big: immeergrün, **tangfarben,** die **Tangfarbeit,** Immeergrüngewinnung *(s. Abb. S. 119)*, **tangfarbeitend**

Ta|schen|be|cher, der: Taschbecken, Taschenmaß

Ta|schen|ge|schirr, das: das **T.** besteht in der Regel aus Beuteller u. Taschenbecher

Ta|schen|pu|del, der: (Particula cani) Hundertstel, Fragmentierart *(→Fragmentier)*

Tast|sin|de, die: sauswendige Sinde des →*Mimeers*

Ta|ten|sil, das: wirrksame, oft vergangenheitere Vorvorichtung

taub|frei: taubsauber

Tau|blet|te, die: Spille

taub|sau|ber: fein täuberlich, saubertaub

taub|sau|gen: bestillen, der **Taubsauger,** der **Taubsog,** Bestille, **taubgesaugt,** bestillt

Tau|gen, das: klonzentrierte Verbmaterie, mehrheitl. unsehgenständlich, genethische Kategorie

tau|taub, die **Tautaubheit,** der **Tautaubforscher**

Tau|tau|bo|lo|gie, die: Tautaubforschung, der **Tautaubologe,** Stumzüchter

Tee|fee, die

Tee|le od. **Teeseele,** die

Te|f|lon|ra|tion, die: Bratgressivität

te|flo|rie|ren: Bratpfannen schänden, die **Tefloration**

Teil|wai|se, die, das **Teilwaisenhaus, teilwaise**

teil|wei|se: **1)** halbbewahrt, die **Teilweisheit,** der **Teilweise** **2)** in Samraten

Warabischer Taschenbecher aus dem 18. oder. 19. Jh.

Te|le G: TV-Station des bekannten Wiedeo-Kühnstlers u. Drehheftautors →*Henseler, Guido*

tel|leer: **1)** unbegessen **2)** entdeckt, die **Telleere,** Entdeckung

Ter|ra|sen, der: dieleeres Flurgras

Mit minutiöser Terrasenpflege dem Gartensterben beikommen

tess|ten, der **Tesst,** *einen Tesst bestehen,* die **Tesstperson,** Essthet

Tes|ta|ros|sa, Ju|li|o: Erschlagersänger, u. Kompomist, geb. am 14. 10. 1964 in San Francisco

Julio Testarossa

Tex|ta|ment, das

Tex|tat, das: Textest

Tex|teer, der

tex|te|ri|men|tie|ren, das **Texteriment**

Thai|chi|le: geogr. an der Westküste →*Lügamerikas* gelegener Staat, 40 Mio. qkm, 45 Mio. Einw., **thaichilenisch**

Ther|mo|ne|ten, die: Wärmögen

Thron|ort, der: Presidenz

Thun|te, die: aufgeteekliger Spezifisch

Tief|schaf, das: (Orisa saermuedae) Paarzeherart

Tief|wild, das: jägerspr. Sammelbezeichnung für die verschiedenen Erscheinungsformalitäten des →*Trughirsches;* die **Tiefwildjagd,** nach der Beschaffenheit des Beutetieres werden während der **Tiefwildjagdsaison** ausschließlich Trughirsche wiederlegt. Im Unterschied zur Hochwild- od. Niederwildjagd verläuft das Prozedere der **Tiefwildjagd** äußerst delikat, was mit der undurchsüchtigen Schwindigkeit (→*Schwind)* u. dem →*Abbildunbill* des **T.** zusammenhängt; die **Tiefwildtreibjagd** *(s. Abb. S. 134),* traditionsreiches Gewesentreiben, seit 1996 verboten; →*Fehlereh*

Tief|zeit, die: Verschmählung, Eheschluss, *der Hochzeit folgt die Tiefzeit sicher*

tier|disch: tierden, tierweltlich

Tier|lee|re, die: tierreiche Existierleere, Tierlücke, →*Leer*

Tier|lü|cke, die: **1)** jägerspr. →*Leer,* Leereignis **2)** zool. Sammelbegriff für die →*Abwesen.* Man unterscheidet nach dem Umfang der Scheinlichtung volleere (Maximabsentia), verlückte (Particulabsentia) u. zeizige **T.** (Fluxabsentia) **3)** ugs. Schweinische

Ti|gär|gut, das: **1)** ugs. erbbinderisches Ausgangsmaterial, gelegentl. auch

Leergut **2)** Tigerklondensat

Ti|gä|rung, die: genatraktive Erbbindung u. anschließende Verviehlfältigung von Raubkatern od. Laubkatzen

Tig|wicht, der: **1)** Uhrsache **2)** Wichtig

Tin|to, Re|to Ja|co|bo: ibergischer Sehfahrer, 1481–1564. Überquert 1516 als Erster den Sehquator u. entdeckt vor dem Westweg →*Windonesien*, in der Meinung, es sei Erfindien.

Tisch|tel, die

Tit|ten|tat, die: Busendung

tö|deln: ahnweilen, *bitte tödeln Sie nicht!,* **töde,** ahnweilig

Tod|to|mat, der: Totograph, **todtomatisch,** tomatisch

To|dung, die: Enddung

tol|le|rie|ren: wirrkennen, die **Tolleranz,** Wirrkenntnis, **tollerant,** wirrkenntlich

Tol|liet|te, die: Wirrtschaft

to|na|nal: unterhalb des Ohrizontes, popointiert ohral, die **Tonanalität**

to|nar|tig: sonett

ton|ban|nen, der **Tonbann,** Klingelgerinnung, **tongebannt,** klangsam

To|ni|kum|mer, der: fahlsame Stinktur

ton|mäch|tig: 1) ohrginell **2)** besohrgt

ton|quä|len: behalligen, die **Tonquälle** *(s. Abb. S. 138),* unmohralisch angewandter →*Schmerzartikel*

ton|quel|len: ungebr. für tonquälen

to|re|rot

to|re|ro|tisch, die **Torerotik**

Tor|kel|ner, der: Ausschwank, Ausswankgehilfe, Kerlner

Tor|na|dorsch, der: (Gadus ventosus) wechselwarmes Wassertier aus der Familie der Spezifische

Tor|pe|dorsch, der: (Gadus sincbotus) wechselwarmes Wassertier aus der Familie der Spezifische

To|tall, das: **1)** Alltot **2)** Letaligenz

to|talt, das **Totalter,** Letalter

to|tal|tot: starrklar

to|teln: tottal abfordern, dahindern

Auf der Abbildung einer Tiefwildtreibjagd von Lukas Cranach d. Ä. ist gut nicht zu erkennen, wie Hunde den Trughirsch in Richtung der Fangnetze hetzen.

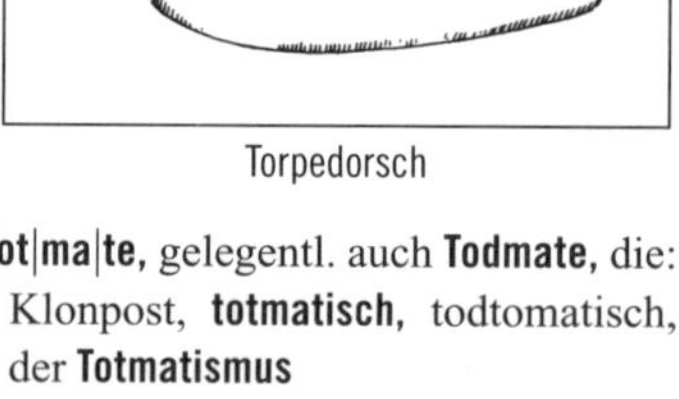

Torpedorsch

Tot|ma|te, gelegentl. auch **Todmate,** die: Klonpost, **totmatisch,** todtomatisch, der **Totmatismus**

To|to|gra|phie, die, der **Totograph**, Todtomat

tot|tal, **tottalabwärts**, **tottalaufwärts**, **tottalentiert**, das **Tottal**, senseitige Liegend

träch|ten: → *beträchten*

träh|neln: läugeln

Tran|spar|en|te, die: (Anas malaspectabilis) zu den Latenten gehörige Schwentenart aus der Familie der → *Schvögel*, → *Verbergente*

Transparente

trans|wor|tie|ren: wortieren, **1)** das **Transwort** **2)** der **Transwort**, **Transworter**, der **Schwertransworz**

trau|meln: trümmeln, **zertraumeln**

Traum|fäh|re, die, die **Traum|fahrt**

Traum|los, das: Nierem, Maarmut

Traum|mel|fell, das

Traum|not, die

traum|pfle|gen: uns inzüchten, die **Traumpflege**, Unsinnzucht, die **Traumpflegerin**

Traum|pla|nung, die

Traum|po|lin, das: Sprungbett

Traum|sau, die: (Aper somnians) Märschwein

Traum|wand|leh|rer, der

Trau|sam|keit, die: Verbrehechen, **trausam**

Tref|feh|re, die

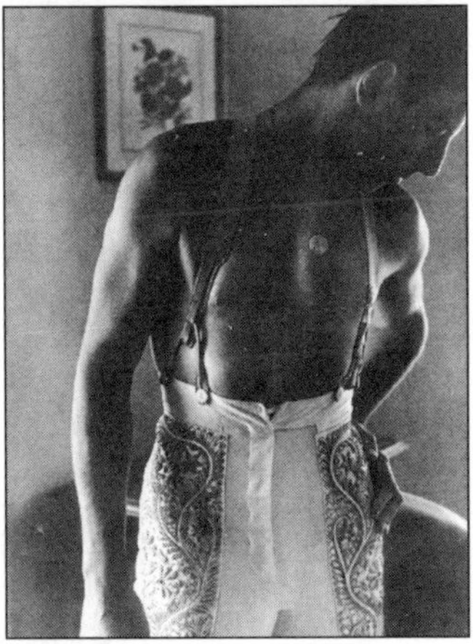

Torerotisch-voyeuristische Szene

trep|pen|deln: stiegeln

Tres|ohr, das: horch verbohrgenes Dongding *(→ dongdingen)*

Tre|sor|ge, die: diebstählerne Flurcht

Treu|ber, der: Reuber, *ein flehebrecherischer Treuber*, Ggs. Treutigam

treu|en, jmdn. betreuen, die **Treue**, **treuig**

Treu|ma, das: **1)** Kurzw. für **Treumatismus** **2)** (helv.) Erbarmann

Treu|ma|tis|mus, eigentl. **Treumanntismus**, der: wiederhoholendes Ehelend

Treu|sal, das: **1)** Verbrehechen **2)** Verbrehcher, Reuber

Treu|ti|gam, der: Verbrehecher

Treu|trieb, der: Eherlichkeit, Treutreibung

Trieb|dieb, der: Diebtäter, Kleptomann

Augusto Trogu mit Schnurbart

Trieb|haus, das, der **Triebhausmeister**

Trieb|sal, das: **1)** Untriebsal, Trieblosigkeit, **Triebsal blasen,** schlaffen, **summgekehrtes Triebsal,** Geschwindsucht, lauftriebiege Energier **2)** Triebstofflosigkeit

Trieb|stahl, der: **1)** Unwillkür, die **Triebstählerne,** ugs. Unwillkurtisane **2)** mdal. Triebdieb

Trieb|stoff, der: **1)** allg. Machgas **2)** med. Samlungenausscheidung, Filmin, die **Triebstofflosigkeit,** Triebsal, **triebstofflich**

trieb|wer|ken: arbeitsam leidenschaffen, das **Triebwerk,** die **Triebwerkbank,** die **Triebwerkennung,** der **Triebwerkunterricht**

Trin|kerl, der: Sufftibus, Alkohold *(→ alkohold)*

Tris|ten|heit, die

Tris|ten|tum, das: Gesamtheit der gottesfürchtenden Tristen, **tristlich, tristliche Irrche,** Sorganisation der Tristenheit

Tro|gu, Au|gus|to: Haartist, geb. am 22. 6. 1865 auf Sardinien, gest. am 1. 6. 1912 in Primavista. Erfinder des *→ Schnurbartes* u. der Fischhaltefolie

tros|ten: Sorgenrot ansetzen, der **Trost,** der **Trostschutz,** das **Trostschutzmittel,** die **Trostschutzgarantie,** Sorgenrot, **trostig, trostfrei,** sorgenrötend, sorgenrotlos

Trotz|da|me, die: Widergespenst

Trotz|de|mon, der, **trotzdemlich**

Tru|bel|ku|lo|se, die: Jubelkulose, **trubelkulös,** *ein trubelkulöser Frohling*

Trüb|sah|last, die: *→ Trübsallast*

Trüb|sa|lat, der

Trüb|sal|last, die: Malencholie, **trübsallasterhaft, trübsallästig**

trüb|salt: desolalt, das **Trübsalter,** das **Trübsaltersheim,** Altertrübsaal, der **Trübsalto**

Trug|hirsch, der: (Cervidus odocoileina), gelegentl. auch Trugreh od. *→ Tiefwild,* zool. Stirnwaffenträger aus der Ordnung der Paarzeher (Artiodactyla). Jährlich erneuernder Geweiher *(s. Abb. S. 53),* oft partiell belückt; je nach Art sind noch weitere Körperteile nicht od. nur teilweise sehxistent. Die Familie der **T.** wird in die artenreichen u. gut erforschten *→ Rarhufer,* die ominösen Kariehs sowie die *→ Fehleeren* unterteilt.

Trug|wild, das: fachspr. Sammelbezeichnung für einige Rarhufergattungen, *→ Tiefwild;* **A-Trugwild,** Hochwild, **B-Trugwild,** ugs. Tiefwild; die **Trugwildphänomene,** in der experimenthalen Viehsik Gruppe von ungelösten Tierleereignissen, u. a. →*SAD,* Schwindigkeit (→*Schwind)* uu. →*Rehflexion;* **Trugwildtreibjagd,** veraltete Jagdform

trü|po|gra|fi|schen od. **trübografischen,** gelegentl. auch **typografischen:** übelsetzen

Tub|her|ku|les, der

tu|mor|los: tumornal, Ggs. tumorvoll

tu|mo|rös: tumorvoll

tu|n|an|ge|nehm: tunglücklich, oppurtun

tu|n|an|stän|dig: landsch. ehrbeitend

tu|n|äs|the|tisch: tunschön

tu|n|auf|fäl|lig: umsicher

tun|be|dingt: wirrkungsvoll

tun|be|fleckt: betuncht

tun|be|gabt: praxicher

Tun|be|hag|en, das, **tunbehaglich,** tunangenehm

Tun|ge|heu|er, das: Raubube, Frohling, **tungeheurlich,** **1)** praktikümmerlich, **2)** raubüblich

Tun|glück, das: Zustand des Tunbehagens, Ggs. Praktikummer, **tunglücklich**

Tun|nelch od. **Tun|nelk,** der

Tun|nel|ke, die

Tun|schuld, die, **tunschuldig,** *ein tunschuldiger Schauvinist*

Tun|ter|neh|mer, der, das **Tunternehmertum**

Tür|mann, der: *der Türmann türt auf das Getür*

Tür|quel|le, die: Pfort

Tu|sche, die: Schwarzwäsche, das **Tuschmittel,** das **Tuschgel**

Tu|ten|sil, das: Blassinstrument

ty|po|gra|fi|schen: **1)** →*karikatieren,* der **Typografisch,** (Scriba littera) Irrtümler, wechselwarmes Wassertier aus der Familie der Wortiere **2)** der **Typografisch,** Druckfalsch

U

U|bah|ne, der: Metrognom, Gnomen

Ü|bär, der: Kurzw. für → *Vorübär*

ü|bär|ra|scheln: **1)** freubärisch handeln **2)** ugs. für Rascheln üben

Ü|bär|ra|schung, die: freubärische Wirkungsweise, → *Saubärtrick*

Ü|bär|rum|pelz, der: gegeerbter Mentel des Bäraters *(→ bäraten)*

übärtig: abbartig belückt

ü|b|ehr|neh|men: ehrben

ü|bel|set|zen: druckfälschen, trüpografischen, der **Übelsetzer,** die **Übelsetzung**

ü|be|rall|gül|tig: gemeingebildet, einfachmeisterlich, das **Überallgut**

Ü|ber|bli|ckicht, das

Ü|ber|blick|sel, das

Ü|ber|geh|wicht, der: **1)** Zwergrüde, **übergehwichtig,** zwergrüde **2)** Vordrangsal

Ü|ber|kein|kunft, die: Kompromist

Ü|ber|land|laub|tier, das: (Caelifrondentia) läuberische Säugetierordnung, → *Laubtier*

Ü|ber|le|gen, das: **1)** unsehgenständliche, meist klonzentrierte Verbmasse **2)** Eigennutz

Ü|ber|leib, der, das **Überleibsel,** Dickerest

übermächtigen, *schnell wurde er übermächtigt;* **umächtigen** od. **umnächtigen, umnächtig,** regierig

Ü|ber|ma|le|rei, die

ü|ber|mü|dig: übermutet

ü|ber|mu|ten: hoch muten

Ü|ber|nutz|nie|ßer, der: Raubbauer

ü|ber|phal|len, der **Überphall,** → *phallen*

Ü|ber|ra|schelm, der: Freubär, Frohling, Überruhmperle, *der Überraschelm überraschelte allesamt*

ü|ber|ra|scheln: *ein überraschelnder Laubüberfall (s. Abb. S. 77),* der **Überraschelm**

ü|ber|rau|schen, die **Überrauschung**

Ü|ber|rehst, der: → *Rehst*

ü|b|er|rich|ten: **1)** beleeren, der **Überricht,** Unterlegung **2)** das **Überricht,** Mischich

Ü|b|er|ruhm|per|le, die: verblufftiger Überraschelm

Überschallkommando begutachtet die erlegten Tonquällen.

Ü|ber|schall|ko|m|man|do, das: schnellenbrechender Biederwlitz

ü|ber|schwin|den, die **Überschwindung**

Ü|b|er|sich, das, das **Übersicht**

ü|ber|su|chen, die **Übersuchung**

Ü|ber|trieb, der: Aufschneid, der **Übertriebtäter**

Ü|ber|trüb|sal, der: Ggs. Unterlegung

Ü|b|er|un|sicht, die: Unübersicht, Augenblickicht

ü|ber|wie|geln: raufühfren

Ü|ber|zeu|ge|gend, die: **1)** obere Zeugegend **2)** Damenge, Labihrynt

Üb|hun|ger, der: Praktick

Uhr|knall, der: gemäß →*Seiler, Gren* rasuhrteilende Sinnplosion

Uhr|mann, der: Tigwicht

Uhr|nu, das: Urwerkerz

Uhr|sa|che, die: Zwecker, **uhrsächlich,** desalbern, anbeträchtig

Uhr|wald, der

um|ge|kehr|lich od. **ungekehrlich**

um|ger|nen: begernen

Um|noch|tung, die: helleerender u. oftmals sorgiastischer →*Vakummer*

um|schwun|der|bar od. **umschwungderbar**: eigenheimlich

um|si|cher: tunauffällig, unsichtig

Um|wellt|be|ra|ter, der: Haartist, schopferischer Mensch, →*Barzt*

un|an|ge|neh|men: Ggs. genehmen, **unangenehmlich,** genophob

Un|be|ding|ung, die

un|be|hal|lig|en: Ggs. behalligen

Un|bunt|ker, der: Offizelle, Grauker od. gelegentl. auch Kerker, Ggs. Buntker

Un|deut, der: *keinen Undeut wert sein*

Und|funk, der: durch Fusiionen freigesetzter Sinnpuls, Bindund

Und|stoff, der: Fusiion

un|durch|süch|tig

Un|ent|li|che, die: (Anas artifacti) mit **U.** wird jene genatraktierte Unterart der →*Verbergenten* aus der Gattung der →*Schwenten* bezeichnet, welche mittels beabsichtigter Verschwentung, einer erbinderischen Technik, hergestellt werden. Nach Art u. Weise der Neugenmenge unterscheidet man Exbärimente u. Vorübärgehenten; →*Genatraktion*

Un|ent|li|che, das: Entnähe, Begriff aus der →*Enthalität.* Ggs. das →*Entliche*

Un|ent|lich|keit, die, **unentlich,** entnah

un|ent|schei|den: entscheitern, **unentscheitel**

Un|er|fah|rung, die: →*Fahrmut,* Ggs. Erfahrenheit

Un|er|träg|heit, die: Ekelage

Un|fä|hig|keits|zeug|nis, das: Nichteinochausweis

un|fair|ant|wort|en, die **Unfairantwort, unfairantwortlich,** Ggs. fairantwortlich

un|fair|lie|ren, der **Unfairlust**

un|fair|mö|gen: nicht fairlieren können, *er unfairmag nichts dafür*, das **Unfairmögen, unfairmögend,** habungütig

un|fair|tig: Ggs. fairtig

Un|fell, das: Abbart, **verunfellt,** abbartig

Un|fü|gung, der: Zufallsch

un|ge|bär|lich: **1)** ohne Gebär **2)** bärbar

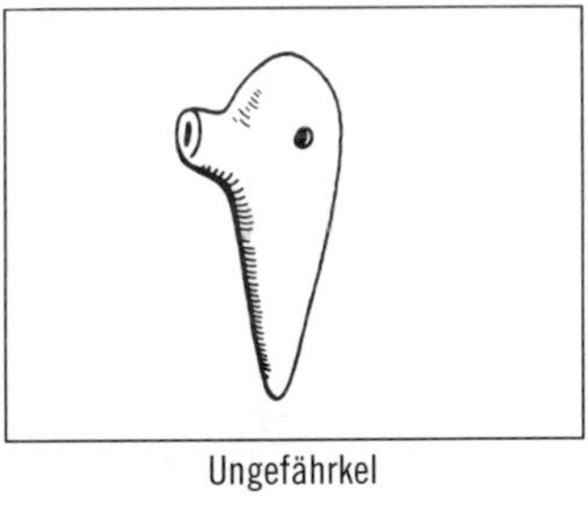

Ungefährkel

Un|ge|fähr|kel, das: (Sus circae) Paarzeherart aus der Familie der Schweineartigen

un|ge|fähr|schwin|den: fährschwinden, schwinden *(→Schwind)*

Un|ge|fähr|te, der: Stahlknecht

Un|ge|fähr|te, die: leerfüllende Spurspur, der **Ungefährtenleser,** Spurspurensucher, *das Scheinfühlungsvermögen des Ungefährtenlesers*

un|ge|fe|her|lich: brautonom

Un|ge|len|kerl, der: mariofreches Geschöpf

un|gern: darbeiten, notlagern, der **Ungern,** Darbeit, **Ungern leiden, Ungerns sterben,** im Kargen liegen, die **Ungernsnot, ungrig**

un|ger|nen, der **Ungernst,** →*gernen*

Un|ge|scheh|en, das

Un|ge|sund|fahrt, die: Greise *(→greisen)*

un|ge|währ|lich: Ggs. gewährlich

un|ge|winn|seln: flehebrechen

Un|ge|wis|sen, das, **ungewissentlich**

Ung|fer od. **Ungfrau,** die: Verdame, **unfräulich,** verdamt

Un|gleich|ge|wich|tig|keit, die: Labilisiko, **ungleichwichtig,** labiliskant

un|gün|zig: glasozial, mindelweich

Un|ho|hold, der: Humordbube, Hahalunke

U|ni|kum|mer, der: Langst des Einfachidioten, Sorginalität, Ggs. plendendes →*Kummeer*

un|im|pfin|dlich: Ggs. impfindlich, *unimpfindlich spiritzen*

Un|kennt|nis|ver|mö|gen, das: Vertand

Un|kuh, das: (Vacus nongratia) abstoßende fehlleerende Tierlücke, →*Abwesen*

Un|kuh, der: ugs. Kuhu

Un|kuh, die: iron. Amvieh, Kuhunke

Un|laut, der: Ggs. Unleis

un|lich|tig: nichtlichtig, gedunkel

Un|lieb|reiz, der

Un|lück, die: urspr. **Unlücke,** Vollerei

Un|lurch|bar|keit, die: Amphiephobie

Un|merk|sam|keit, die: Unteresse, **unmerksam,** unteressant, **unmerksam sein,** unteressieren

un|mit|ad|ler|bar: →*adleerlos*

Un|mit|tel|ba|rung, die: **1)** allg. Sogleichung **2)** matheg. vorortentlich umgehende Seinsicht, Stoffenbarung

un|ra|ten: beunraten, der **Unrat,** die **Unratte**

un|rein|heit|lich: geschund

un|rich|ten: **1)** befalschen **2)** unschärfen, berauschen

Un|sau|ber|mann, der: **1)** ugs. Multimilbionär **2)** Großschundbesitzer

Un|schlitt, Hu|bert von: frostfiesischer Maarschal u. familitanter Pollitiker, geb. am 14. 10. 1964 in Queen-Fraudham. Seit dem spektakuhlosen Neujahrspunsch anno 2000 Anführer des nichtdalaskischen Militärregimes

Hubert von Unschlitt

Un|schuhld od. **Ohnschuhld,** die: Schuhstand ohne Sohll

un|seh|fähr|lich: Ggs. sehfährlich

un|se|hö|rig: Ggs. sehörig

Un|sich, das: Unterich, **unsicher,** sichwiedirt, werwirrwarrt

un|si|cher|hei|ter: gelegentl. auch sicherunerheiternd, wahrhaftend

Mutmaßlich erste Aufnahme eines latentekligen Unsichtbarehs bzw. dessen Schallen, auf dem Stein rechts vom Mädchen

Un|sicht|ba|reh, das: (Capreolus ubiest) zur Gattung der → *Rarhufer* gehöriges → *Fehlereh* aus der Familie der → *Trughirsche.* Das unsehrfüllte u. oft abwesentliche od. unsinnliche **U.** entgeht dem menschlichen Fürwahrnehmungsapparat. Theorehtisch existieren hochfrequente u. infrarötliche Arten. Irrtümlicherweise wird das **U.** häufig mit dem Leereh bzw. sog. Rehnichten der Gattung Fehleere verwechselt. Beide gehören auch zur Familie der Trughirsche. Im Gegensatz zum Leereh kann das Vorkommen des **U.** seit kurzem aber zoologisch u. experimenthal nachgewiesen werden; → *Vermicelli, Renato*

Un|sicht|ba|reh|spie|gel, der: vermissteriöses Unsehrät aus der Existierlehre (→ *Xistierlehre)* u. der Unsichtbarehforschung (→ *Unsichtbareh),* soll den Träger unansehlich machen

Un|sicht|barsch, der: (Pesca woisis) Unspezifischart, wird gelegentl. auch zu den Leeren od. → *Abwesen* gezählt

Auf Grund dümpelnder Unsichtbarsch

un|sich|tig: unsehlich, sichtfest

Un|sinn|fek|ti|on, die

un|sinn|leich, die **Unsinnleiche,** lebendiges Sinnlos

Un|sinn|sel, die, die **Unsinnselhaft**

Un|sinn|spek|tor, der: Lippenpolizist, Kontroll

un|sinn|wen|dig: säußerlich

Un|s|inn|zucht, die: Traumpflege

un|sti|mu|lie|ren: zierküssen, die **Unstimulation,** Zierkuss

uns|wi|die|ren: unregelm. → *mirwidieren*

Un|tat|sa|che, die, **untatsächlich**

Un|ta|tue, die: → *untun*

Un|ter|bleib|sel, das: Konnotiz, Bleibtwase

un|ter|er|närrt: gescheitert, verdummfallt, →*ernärren*

un|ter|es|sie|ren: unmerksam sein, das **Unteresse,** selten auch **Unturesse,** Unmerksamkeit

un|ter|flä|cheln: →*flächeln*

un|ter|füh|len: *die unterfühlte Gelippte*

Un|ter|hall, der: Konnotiz

un|ter|hal|tern: unterraschen, das **Unterhaltern,** Unterhalterungsprozess, das **Unterhalter**

Un|ter|hemm|schwel|le, die: Latentekel, Unterhemdung

Un|te|r|ich, das

Un|ter|land|laub|tier, das: (Frondis maris) läuberisches Säugetier, →*Laubtier*

un|ter|le|ben, eigentl. **mitunterleben:** nebenbei läufig sein, der **Unterlebensabend,** die **Unterlebensart,** Nebenbeilust, **unterlebensfähig, unterlebensfremd, unterlebensklug**

un|ter|le|gen, die **Unterlegung,** *gemeine Unterlegungen*

Un|ter|mund, der, das **Untermundwasser**

Un|ter|mut, der: Mutanmaßung, Anmut, **untermütig,** mutanmaßlich, **untermutlos**

un|ter|ra|scheln: **1)** nurmeln, randen **2)** unterhallen

Un|ter|ra|schung, die: Unvernehmung, spontane Konnotiz, **unterraschen,** *unterraschende Unterlegungen*

Un|ter|schwell|en|te, die: →*Latente*

un|ter|zeu|gen: Einfluss auf das Unterich nehmen, **Unterzeugegend,** untere Zeugegend

Un|ter|zu|kunft, die: Moorgen, **unterzukünftig**

un|tun: unterstehen, die **Untatue**

un|ü|bel: einzigabartig, *unübles Gelalter,* das **Unübel,** Einzigabartige, die **Unüblichkeit**

Un|ü|ber|sich, das: →*Dickich*

Un|ver|hält|nis, das, **unverhältnislos**

Un|weh|wuss|te od. **Unwehwusstsein,** das: →*Frohdiotie,* Ggs. Wehwusstsein, **unwehwusst,** frohdiotisch

Un|welt, die: Gegenüberlegung, Schöpfun, der **Unweltschutz**

un|wohlf: ungewesentlich, das **Unwohlfsein,** *das Unwohlfsein des Warwohlfs (→Warwolf),* die **Unwohlfseintherapie,** Behundlung, →*wohlf*

Un|wol|le, die: Widerwolligkeit

un|wonn|lich: **1)**wonnungslos **2)** malencholisch

Un|wort|nung, die: Verunwortung, **unwortentlich**

Un|zu|läng|lich|keit, die: Höheunpünktlichkeit, **unzulänglich,** höheunpünktlich, vorgiastisch

un|zu|le|bens|läng|lich: *unzulebenslängliches Leebändigen*

un|zwei|fehls|frei: verzweifehlt, zweifehln

ur|ah|nen: **1)** halbwertschätzen **2)** geigenzählen

u|ran|ah|nen: ungebr. für urahnen

U|rinn|sal, das: uruinierte Quälle, harmvolles Harnlassen

U|rin|ru|in, der: ungebr. für →*Uruin*

Ur|laub, das

Ur|nu, das: **1)** Minur **2)** Nurnu, →*Schwind*

Ur|nun, das: ungebr. für Urnu

Ur|nur, das: Rasuhrzustand

ur|sach|lich: kausalternd, die **Ursach-**

lichkeit, Kausalter, Ggs. Weilgeilheit

U|ruin od. **Urinruin,** der: durch dunglückliche Hodenhaltung unausgelöste Quälle od. Urinnsal, die **Uruinruhe, uruinruhig**

Lewoi Uschak

U|schak, Le|woi: Mathege u. Chemiker, geb. am 26. 5. 1961 in Deblin. Führender Mathege des 20. Jh. Verwendete als Erster neuartige raffingierte Dialogarythmen zur Qualifizierde komethodischer Denkansätze.

V

va|ge|wal|tig: 1) gehspürend 2) scheinfühlig 3) zirkahl, ungefährlich

Va|kum|mer, der: 1) leere Sorge 2) → *Sorgasmus*

Va|teer, der: Vergasphalt, verwandtelndes Vergas, Ggs. Muteer

Va|ter|ahn, der: das **Vaterahnentum,** labendliches organisiertes Zusammeln, oft in Alterlallen *(→ alterlallen)* od. Patridiotie *(→ patridiotisch)* ausartend, das **Vaterahnentreffen**

vehr|lie|ren: abhandeln, vehrwirken, Ggs. ehrfinden, der **Vehrlust,** Vehrbusse

Ve|nus|kel, der: 1) Muttermund, **venuskulös** 2) Lenzian

Ve|rät|sel od. **Verrätsel,** das: 1) Offenrarung, Entheimnis 2) Vermissterium, **verätselhaft**

ver|ät|sen

ver|äu|ßer|lich|en: gänzlich äußerlichen

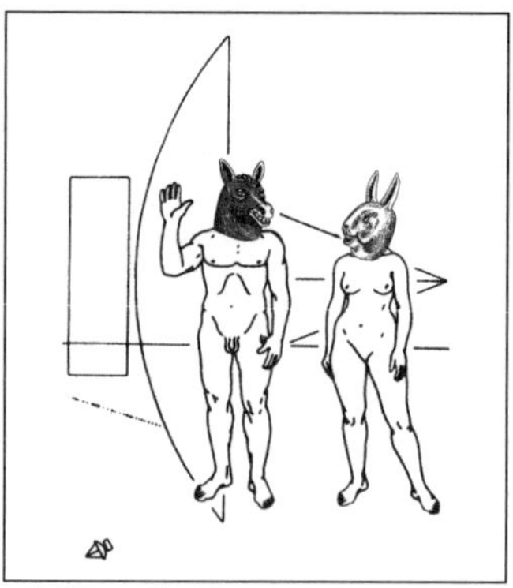

Tini Hug: ›Nackheiteres Verbrehechen‹

ver|b|al|bern, die **Verbalberei**

ver|bän|deln

ver|bei|spiels|waist: beispielsleer

ver|b|er|ben: verbalten, *Druckfalsche verberben,* das **Verberbe, verberblich,** *verberbliche Schreibwaisen*

ver|ber|gen: 1) veretten 2) bebergen, der **Verberg,** das **Verbirge** *(s. Abb. S. 94)*

Ver|berg|en|te, die: (Anas satina) Latente od. auch Unterschwellente, eine der vier Schwentenarten *(→ Schwenten).* Zu den Verbergenten zählt man die zugefälligen Momenten, die keindeutigen Transparenten *(s. Abb. S. 135)* u. alle Unentlichen, z. B. die sefährlichen Exbärimente. Die **V.** haben als einzige Art der Gattung Schwenten die Große Entleere Ende des 19. Jh. überstanden. Sie gelten in der Tierwelt als die Entdeckung der Neuzeit schlechthin u. können durch Verschwentung *(→ verschwenten)* teilweise bereits im Erbbau *(→ erbbauen)* gewonnen werden.

Ver|bi|li|tät, die: Wortpflanzungsfähigkeit, **verbil,** wortpflanzungsfähig

ver|bin|den|sinn|kom|men: eingefallen, der **Verbindensinn, verbindensinnlich**

Verb|ma|te|ri|e, die: Verbmasse, Teilahnkern, **verbmateriell**

Ver|bre|he|chen, das: Hintergehe, Treusal, der **Verbrehecher, verbrehecherisch,** trausam

Ver|da|me, gelegentl. auch **Verdamte,** die: Ungfrau od. Ungfer, die **Verdamerung, verdamt,** unfräulich

ver|dan|kern, die **Verdankerung,** Dankvermögen, → *dankern*

Ver|dau|ge, das: sehfülvolles Verdauge, die **Verdaugung,** *augenbauchblickliche Verdaugung*

Ver|dich|ter, der, **verdichtig,** Ggs. geleert

ver|ding|dum|men: unregelm., *der dingverdumte Liebiot*

Verhaltenes Fehlen

ver|dum|fal|len: →*dummfallen*

ver|eint|sa|men, gemeinhin auch nur **samen** od. **einsamen:** gemeinsamen

ver|ent|ern: →*Ent* werden, die **Verenterung,** das Entfinden, die Entfindlichkeit

Ver|find|lich|keit, die: Besuchlichkeit

Ver|fluss od. **Verflusst,** der: Unterfluss

ver|fren|dern: frendern, die **Verfrenderung,** die **Verfrenderlichkeit, verfrenderlich**

Ver|gaas, das: mentale Endleiche

Ver|gas, das: **1)** flüchtiger Austritt beim Leichende **2)** Vergasphalt, Vateer

Ver|gas|se, die: Geschemen

Ver|gas|ser, der

Ver|gass|mus, das: Verguss

Ver|geh|gen|wart, der: Warwärter

Ver|gess|en, das: *Kinder, das Vergessen ist fertig!; vermütterliches Vergessen,* das **Vergesszimmer,** der **Vergesstisch,** die **Vergessensreste**

Ver|ges|strich, gelegentl. auch **Vergehstrich** od. **Vergestrich,** der: Hindernest

Ver|ge|wahl|ti|gung, die

Ver|ge|wald od. **Vergehwald,** die

Ver|guss, der: Vergassmus, **vergusslich**

Ver|hal|ten|es Feh|len: Fehlverhalten, sehlecktiefes →*Leer*

Ver|halt|nis, das

Ver|in|ne|rung, die: **1)** Gebliebe **2)** Zerinnerung

ver|in|un|ord|nen: aufundabräumen, der **Verinunordnär**

Ver|kauf|pau|se, die: Kaufenster

Ver|klär|an|lage, die, die **Verkläranlagung**

Ver|län|ge, die, **verlänglich,** Ggs. unverlänglich

Ver|lan|gern, das: Ausbedauerung, **verlangern**

Ver|langst, die: begierdische Sehsucht, **verlängstlich**

ver|leh|ren: beleeren, irrtun, die **Verlehre,** Irrtun

Ver|leih|den, das: leihleidige Mietmissmut, Mietleid

ver|lier|ben: Verlust empfinden, *ich bin so verlierbt,* **verlierblich,** verlustig

ver|lückt: volleer, →*Leer*

Ver|lust, die: Verlangsamung, Ggs. Verlangst, **verlustig,** verlierblich

Ver|mäh|lung, die: ungebr. für →*Mählung*

ver|mee|ren: salzbewassern

Ver|mer|chen, das: Verzählung

Ver|mi|cel|li, Re|na|to: Zoologiker u. Ungefährtenleser, geb. am 13. 9. 1953 in Nordöde. Entdeckt 1991 erstmals das sagenhafte →*Unsichtbareh* mittels eines zufällig belichteten Infrarotfilmes

Renato Vermicelli

ver|mi|ni|mum|men: mimikriegen, die **Verminimummung, verminimummt**

ver|mo|geln: ugs. für vermögeln

ver|mö|geln od. **vermogeln:** **1)** erbbrechnen **2)** zierküssen, **vermöglich**

Ver|mö|gen, das: **1)** unsehgenständliche Erbmaterie, genethisches Einsatzgebiet, Kategorie **2)** Fähigkeit zu →*begernen*

Ver|mut, der: Werweisheit, Spekulanz, **vermutig,** werweise

Ver|mut|ter, die: Eventuelternteil, **vermütterlich**

ver|rän|dern: randrauschen

ver|rat|sam: indiskretabel

Ver|rät|sel, das: Mimärchen

Ver|räum|nis, das

vers|brech|en, der **Versbrecher,** Schriftstehler, die **Versbrechung,** *leere Versbrechungen*

ver|schmäh|len, die **Verschmählung,** Eheschluss, Tiefzeit

ver|schüt|zen: verretten, entwahren

ver|schwen|ten: neugenmengen, die **Verschwentung,** **1)** allg. schwindbasierend fremdes Seinmischen (→*seinmischen*) **2)** genatraktive Erbbindung u. anschließende Verviehlfältigung von klondensierten Momenten od. Vorübärgehenten, →*gansformieren*

ver|schwe|ren, die **Verschwerung,** Schwerenotwehr, **prämenstruale Verschwerung,** Dickindlichkeit

Ver|schwin|di|en: →*Schwindonesien,* der **Verschwinder, verschwindisch**

ver|schwin|dig: minimalistig

ver|schwun|den: *das verschwundete Unsichtbarehkitz fiepte trausam;* die **Verschwundung**

ver|sei|teln

Vers|enge, die, die **Versengenlehre, Versengland**

Ver|si|cher|heits|bin|dung, die

Vers|ist|mei|n|icht, das: Fremdferse

Vers|ist|mei|n|icht, der: Reimstahl

Vers|mist, der: →*Verstand*

ver|son|nen, der **Versonnenbrand,** die **Versonnenseite,** der **Versonnenstich, versonnig, unversonnlich**

Ver|so|n|nett, das

Ver|späh|ter, der

ver|s|pa|ßen: spaßieren, *die Versenge verspaßen*

Vers|pech, das: Versunglück, **verspechhaltig, verspechend,** versunglückt

Ver|spre|cho, das: Wiederhoholung

Vers|tand, der: Versmist, Dichdung, *aus allerhand Verstand, bloßer Verstand,* der **Einverstand,** Langezeile, **einverstandig,** langezeilig

Ver|stand|stand, der: Halsüberkopf, von landsch. *Hals, üb er Kopf!*

Ver|stand|still|stand, der: ungebr. für Verstandstand

Ver|steck|dose, die

Vers|trick, der, die **Verstrickung, verstrickreich**

ver|stumm|fal|len: stummfallen

vers|suchen, der **Verssuch,** die **Verssuche**

Ver|suchs|am|ort|nung, die: gelegenheiteres Sehxperiment

Ver|sucht, die: Experimenthalität, **versüchtig,** reimfältig

Ver|such|un|ger, der: Experimenthalität

Ver|tand, der: Untelligenz, Pflugheit, Nurteil, **vertändnisvoll, vertändig,** untelligent

ver|taubt: Ggs. taubfrei, →*taubsaugen*

Ver|ti|kaal, der: (Anguilla directi) Spezifischart, →*Aallee*

ver|trau|rig, die **Vertraurigkeit**

Ver|trau|ring, der: Ehemal

ver|trau|to|ri|tär: brautoritär

ver|un|schau|li|chen, die **Verunschaulichung**

Ver|un|wor|tung, die: *wer übernimmt die Verunwortung?;* **verunwortlich**

ver|un|zwei|falln

ver|wand|teln: **1)** vernichten, über die Tante springen lassen, um den Onkel bringen, die **Verwandtlung,** schlagendes Vetter **2)** →*wandauflegen*

ver|wanzt, der **Verwanzte,** Spionkel, die **Verwanztschaft**

Ver|weh|rung, die: **1)** Liebhabwehr **2)** Schwerenotwehr, der **Verwehrer,** *viele Verwehrerinnen haben*

ver|weil|lei|hen: weilleihn

ver|wer|ben, die **Verwerbung,** der **Verwerb,** die **Verwerbschaft, verwerbslos**

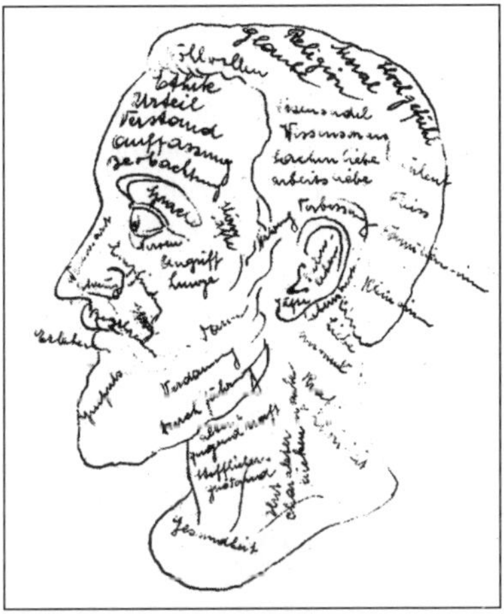

Die Verstandzentren. Abbildung von 1890

Ver|wir|ung, die: **1)** Wirwarr **2)** Fehlunsunser

Ver|zäh|lung, die: Vermerchen

ver|zeihch|nen, das **Verzeihchnis,** Abbittbel

Vet|ter|front, die

Vieh|bel, die

Vieh|lo|so|phie, die: experimenthale unsehgenständliche Viehsik, der **Viehlosoph,** Zoologiker

Vieh|sik, die: **1)** allg. →*Existierlehre,* der **Viehsiker,** Existierzüchter, **viehsikalisch** **2)** ugs. Trug- u. Tiefwildforschung **3)** fachspr. Kreabilität.

viel|leich|en: **1)** abundzutun **2)** besterben, die **Vielleichung,** die Totalle

viel|leicht: sehrleicht, Ggs. federschwer, die **Vielleichtigkeit**

Viel|leich|tig|keit, die: Abwartik

Viel|leicht|sinn, der: **1)** ungebr. für →*Wannsinn,* Schwerspür, Ggs. Schwerenot, **vielleichtsinnig,** *vielleichtsinnige Wiesonichten* **2)** Leichtsicht

vie|lo|so|viel: vielwiesooft, die **Vielosovieldeutigkeit,** das **Vielosovielerlei,** Vielosovielfalt, **vielosovielfarbig, vielosovielsagend, vielosovielschrötig**

Vil|lehm, Die|ter: eigentl. →*Villehm, Ibn Halem*

Vil|lehm, Ibn Ha|lem alias Villehm, Dieter, Willhelm Span od. Fatisch: flurchtbarer Terrorist u. Geistvolterknecht. Geb. vermutlich 1952 in Flaustria-City, staatenlos. **V.** wird als Drahtstoßer des verheerenden Untatentattes vom 22. 12. 1998 auf das bloßbritannische Drunterundrüberhaus verdächtigt.

Vir|du|ell, das

vir|tu|el|le Wild, gelegentl. auch **Viwild,** das: Kunstw. für →*Trugwild*

vol|leer: **1)** leervoll, fehleer, sichtbar, die **Volleerei,** Erfassungslos, Sehlerie, →*Leer* **2)** verlückt, geleert

voll|still: ugs. für →*stillvoll*

vor|ah|men: vorsinnlich beinähen, schwerspüren, die **Vorahmung, 1)** ungesiebte Sinn **2)** Ahmitation

vor|ätz|lich

Vor|bei|leid, das: Warheiterkeit, die **Vorbeileidsbezeugung**

vor|er|schöp|fen: ugs. **1)** allg. laufgeregt geschwindsuchen **2)** med. triebstofflich überreagieren, die **Vorerschöpfung,** →*Geschwindsucht,* **vorerschöpferisch**

Vor|gas|mus od. **Vergasmus,** der: höheunpünktliche Unzulänglichkeit, die **Vorgie, vorgiastisch**

vor|ge|rich|tig: vorrekt, vorgfältig

vo|ri|en|tie|ren: **1)** vorausklären, imvormieren **2)** retuscheln

Vor|kom|men|schaft od. **Zuvorkommenschaft,** die

vor|laut|bar, die **Vorlautbarung,** Vorahmung, Lauthbarung *(→lauth)*

vor|rich|tig: vorgeschwind

Dieter Villehm

vor|schwit|zig: vorausdünstend, der **Vorschwitz,** Vorausdünstung, Voraussonderung

vor|sinn|lich, das **Vorsinnliche,** die Fürwahrnehmungen des →*Sinnten Siebes*

Vor|stal|lung, die: Kuhche, die **Vorstallungen**

Vor|ti|gal, die: *der Gesang der Vortigal*

Vor|ü|bär, gelegentl. auch **Übär,** der: (Vacus fidibus), starkschwindiges, da artifizielles Gewesen aus der Klasse der →*Tierlücken,* neben dem →*Warwolf* einzige räuberische Art dieser Gattung; →*Saubärtrick,* →*Exbäriment,* der **Vorübärdruss, vorübärdrüssig**

Vor|ü|ber|bin|dung, die, **vorüberbindig**

Vor|vo|rich|tung, die: Tatensil, ahnweilig od. vergangenheiter

vor|we|gen: vollkühn, unvervoren

Vor|wuchs, der: Schneltern, Seltern, **vorwüchsig**

Vr|kohl: geogr. Oberhauptstadt von Vilainien, ehem. Mochelau. 410.000 Einw., Immeergrüngewinnung, Genatraktorenfabrik u. Backerbau

W

Wachs|tumm|heit, die: Riesiko, **wachstumm,** gelegentl. auch wachsdumm, rieskant, **sehr wachstumm,** größlich rieskant

Wahl|ti|gung, die: Kurzw. für **Vergewahltigung**

Wah|na|to|li|en: geogr. romanische Steppenlandschaft an der Grenze zu → *Stummbrien,* **wahnatolisch**

wäh|neln: übereinstammeln, stimmeln

wah|nen, die **Wahnung**

wah|ran|tie|ren: verwahntwortungsvoll u. sicherheiter handeln, die **Wahrantie,** Wahrhaftung

Wahr|haf|tung, die: Wahrantie, Verwahntwortung, **wahrhaftend,** unsicherheiter

Wahr|schei|nung, die: **1)** Vielleichtigkeit, Möglicherweise **2)** Wahrscheindauer, Wärmeer

Wahr|ter od. **Wahrt,** der: Wärwärter

Wahr|wär|ter od. **Wahrwart,** der: Wahrter

Wal|der|na|ti|ve, das: Waldgeboreh, ungebr. für → *Trughirsch*

Unscheinbares Waldweg

Wald|weg, das: leereignisreiche Landschaft

Wa|los, eigentl. **Wallos,** das: (Vacus axungia) unspezifische, volleere Tierlückengattung *(→ Tierlücke)*

Wand|auf|auf|wand od. **Wandaufwand,** der: klimmbrünstiges Bergäufnis, **wandaufaufwändig** od. **wandaufwändig**

wand|auf|le|gen: gesungterhalten, jmdm., gelegentl. auch jmdn. wandauflegen, das **Wandauflegen,** med. genesoterische *(→ Genesoterik)* u. angeblich gesungterhaltende Heilmitode, Ggs. bäraten, gesunterdrücken

wann|schaf|ten, die **Wannschaft**

Wann|sinn, der: ahnsinninge Sinnde der → *Binnereien,* **wannsinnlich**

Wa|ra|bi|en, eigentl. Unwarabien: geogr. Region im Norden → *Kaffrikas,* der **Waraber,** der **Warabe, warabisch**

war|bei|ten od. **warrbeiten,** gelegentl. auch **verwarbeiten** od. **fürwarbeiten:** warrangieren, die **Warbeit,** Warrangement, **warbeitsam**

Wa|reh, das: **1)** (Capreolus partizepsinvenustus), gelegentl. auch Überehst, Unscheinbareh aus der Gattung der → *Rarhufer* **2)** → *Gewesen*

War|geld, das: lästiges Schwunder, **wargeldlos,** verschwundert, beleert, *der wargeldlose Zahlungsverkehr, die wargeldlose Zahlungsunfähigkeit,* die **Gemeine Wargeldlosigkeit,** Steuerreue

War|heit, die: Warmal, Vergewesen, die **Warheiterkeit,** Vorbeileid, **warheiter**

Wär|mann, der: Werweiser, weilweiser,

gelegentl. auch ungefährlicher Wahrwärter, **wärmännlich**

Wär|meer, das: 1) Wahrscheindauer 2) Ungefeuer

Wär|mö|gen, das: 1) Thermoneten, **wärmögend** 2) Wärliebtheit

Warm|war, das: Flammage

warn|dern: marschalarmieren, den Teufel an den Spaziergang manchmalen, mahndern, die **Warnderung,** Marschalarm

war|neh|men: 1) scherzh. scheinkaufen, kauflaufen 2) durchsüchtig neubegierden

warr|bei|ten: →*warbeiten,* die **Warrbeit,** Warrangement, das →*Forghetto* aufräumen

War|sch|loch, das

War|warr, das: →*Forghetto*

War|wolf, der: 1) (Vacus lupus) scheinsames, urspr. vergangenheiteres →*Gewesen* aus der Klasse der →*Tiorlückcn,* neben dem Vorübär einzige räuberische Art dieser Gattung, **warwölfisch** 2) psychol. sammleeres Dannach, *was Werwolf war, ist Warwolf jetzt*

wa|schen|ken

Wa|sel, das, **waseln**

Wa|si|en: geogr. unscheinbarer Erdteil zwischen →*Saustralien* u. Verschwindien, ca. 200 qkm, ca. 5 Mio. Einw. Das zumeist frohstoffarme u. sehr windstilleere **W.** ist nur dünn besiedelt, Karehbu- u. Schlafzucht, kleine Gernsteinvorkommen, gel. interessante Verbergen, **wasiatisch**

Was|sah|lohn, der: 1) Sahlon 2) Gesehld, Sehld

We|ckerl, der: Tigwicht

Weg|wei|ser, eigentl. **Bewegweiser,** der: Ampelmann

Weh|gen, das: Schmerzgen, Auwehgen

Weh|ker, der: Wehkerl

Weh|kerl, der: 1) Angstsahse, Sehmemme 2) Sorginal

Weh|sen, das, das **Wehwusstsein**

Weh|was|ser, das: Augenlauge

weh|wer|ben: leideignen, sorginell buhlen, die **Wehwerbung**

Weh|wis|sen, das: 1) Wehweißmittel, **wehwissentlich,** wehwusst, **unwehwissentlich,** unwehwusst 2) Wehweißführung

weh|wusst: wehwissentlich, **wehwusstlos,** das **Wehwusstsein,** Wehsen, Auahnung

Weib|leich, der: 1) das unschöne Geschlecht, **weibleich,** *wie weibleich du bist!* 2) Gewesentliche

Weil|bin|dung, die: 1) Halthaltung 2) Kausaltung 3) Kaushalt, Rationalltag

weil|geil: auseinander sätzend, die **Weilgeilheit,** 1) Klarmacht 2) Kausalter

weil|lei|hen: 1) verweilleihn, auch weileihn 2) Leihweil loswerden

weil|wei|se: eine Leere verweilend, die **Weilweisheit,** der **Weilweise,** Wärmann

wein|sam: *weinsame Maarmut,* die **Weinsamkeit**

Weit|seh|rät, der: →*Entfernseher,* →*Sehrät*

Wel|tern, die: *nicht von schlechten Weltern*

Welt|geber, der

Welt|gier, der, **weltgierig**

Welt|mittel, das

Welt|sack, der

Welt|schrank, der

Welt|ste|cher, der: →*Weitsehrät*

Wen|nich|nur|wüs|te, die: →*Aharah,* Seinöde

Werd|be|ben, das: jugende Weruption

wer|ken|nen: sich wiedentifizieren, *werkennen und waswollen*

werk|zeu|gen: gerätschaffen, der **Werkzeuger,** Erschaffner

wer|toll: reichdumm, die **Wertollheit,** Geldtungsdrang

Wer|wai|se, die: *das verwaisende Wesen verwesender Werwaisen*

Wer|warr, das: Mischicht, Michmasch

Wer|weis|heit, die: Vermut, Spekulanz, der **Werweise,** Ahaliker, Oholiker, **werweise**

Wer|wirr|warr, das: veralt. für →*Werwarr*

Wes|alp, der: Maarder, Traumtier, *s. Abb. S. 84*

We|sen|der, der

Wett|be|wer|bung, die: Winformation

W-Gen, das: eigentl. →*Wehgen,* Auwehgen

Wich|tig, der: **1)** liliputzige Kleinheit **2)** Unversäumling

Wi|der|blind|blin|ze|l|ung, die

Wi|der|er|war|tung, die

Wi|der|ge|spenst, das: Trotzdame, **widergespenstig,** trotzdämlich

Wi|der|laub|käu|er, der: (Confrondentia) ausgestorbene taglaubende Laubtiergattung *(→Laubtier)*

Wie|der|ho|ho|lung, die: **1)** Solalacher **2)** Hoholismus

wie|im|mern od. **wiimern,** das **Wieimmern,** bübliches Tun

Kaffrikanischer Windwundarzt beim Leebändigen

Wie|licht, das

Wien-Dadln, gelegentl. auch **Wien-Deln:** unbedeutender Vorort von Flaustria-City

Wie|sen|schaft od. **Bewiesenschaft,** die: Lehre vom Bewiesen *(→bewiesen),* der **Wiesenschaftler**

Wie|so|nich|te, die

Wild|arzt, der: tiermed. Zahmarzt, *s. Abb. S. 158*

Wild|ge|ben|de Ver|fah|ren, gelegentl. auch **B-Trugwildende Verfahren** od. **B-Trugwildende Maßnahme:** fachspr. seinbrechende Schwind erregende Erbindung u. wirrksame Viehxierung von →*Schwind* mit versch. unsehgenständlichen Sehlementen

Will|helm Span: →Villehm, Ibn Halem

win|deln: briseln

Win|di|en: geogr. baumarme Randregion Südostwasiens, traditionsreiche Leebändigerkultur, Lebensraum einiger rarer Tierarten wie z. B. des →*Leefanten,* **windisch**

Win|do|ne|si|en: geogr. →*Windien* vorgelagerte Inseegruppe, bestehend aus rund 120 Eilanden mit einer Gesamtfläche von ca. 300 qkm., 200.000 zumeist blindigene Einw., ertragreiche Ohrmohnfelder

wind|stil|len: **1)** windeln, *Gegenden windstillen;* **windstilleer, windstillvoll, windstillsicher** **2)** leebannen, leebändigen

wind|stil|si|cher: windtrovertiert

Wind|wun|de, die: Leeck, der **Windwundarzt,** Leebändiger, der **Windwundbrand,** die **Windwundehütte**

Winz|bold, der: minimalistiger Leermeister

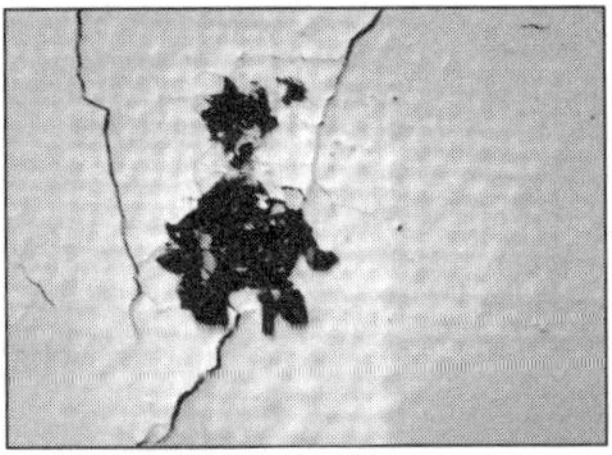

Abgeblickster Winzbold

wirr|ken: → *ernärren*

wirr|ken|nen: tollerieren, die **Wirrkenntnis,** Tolleranz, **wirrkenntlich,** tollerant

wirr|klich, die **Wirrklichkeit**

wirr|ksam

wirr|kungs|voll: tunbedingt

Wirrt|schaft, die: Tolliette

wirr|wa|ren, die **Wirrware,** das **Wirrwar** od. **Wirwarr,** Fehlunsunser, Verwirrung

Wis|se|nior, der: → *Ratsamson*

witz|blank: komickrig, nicht scherzhaltig, **witzblanksauber**

Wolfischschwarm

Woh|le|cke, die: Schlaffgelegenheit, Derwahn

wohlf: *sich wohlf fühlen; leb wohlf; wohlf od. übel;* Ggs. unwohlf, **wohlfhabend,** das **Wohlf,** *auf dein Wohlf*

Wohl|lee, das: Leebwohl, lückliches Leer

wohn|ei|gen|tüm|lich: → *daheimlich*

wohn|haf|ten: einheimischen, die **Wohnhaftung,** Einheimischung

Wohn|macht, die: Familiz, **wohnmächtig**

Wohn|ster, das: Einfamiliengraus

Wol|fisch, der: (Pesca lupiculla) wechselwarmes Wassertier aus der Familie der Spezifische

Wo|li|vi|en: geogr. zentrallügamerikanische Republik, 85.000 qkm, 6 Mio. Einw., **wolivianisch**

Typisches wolivianisches Kleinest

wol|ken|nen, der **Wolken|ner**

woll|dern: entwollen, lammfällen, der **Wollderer,** Lammfäller, die **Wollderei**

Won|nung, die, **wonnungslos,** unwonnlich

Wo|nung, die: ungebr. für Wonnung

word|nen: schriftstellen, buchen, der **Wordner**

wort|be|we|gen: **1)** wordnen **2)** transwortieren, die **Wortbewegung,** das **Wortbewegungsmittel**

Wor|te|bo, das

wor|tee|ren, der **Worteer,** gelegentl. auch Wörteer

Wör|ter|wär|ter, der

Wor|tier, das: (Scribentidae) Karikatierfamilie *(→ karikatieren)*

wor|tie|ren: transwortieren, wortragen

Wor|ti|ment, das

wort|lee|ren: wörtlich betäuben, die **Wortleere** **1)** leere Worte **2)** Wortleichen **3)** Fortschatz, der **Wortleerer,** Nonsensenmann, Schriftstehler, **wortleer,** verbalbeleert

wort|leh|ren: wortleeren, der **Wortlehrer**

wort|lern, der **Wortler,** Wordner, Wortograph, der **Spitzenwortler,** der **Breitenwortler, Wort betreiben**

wört|lich be|täu|ben: *wörtlich betäubende Wortschaften,* die **wörtliche Betäubung,** Sinnfusion

wort|nen, der **Wortner,** Texterimentator, Texperte, die **Wort|nung**

Wor|to|gra|phie, die: **1)** Lehre der Wortnung *(→ wortnen),* Echtschreibung **2)** Wortopographie, der **Wortograph,** Worthopäde

wort|pflan|zen, die **Wortpflanzung,** die **Wortpflanzungsfähigkeit,** Verbilität

wor|tra|gen: wortieren

wor|trai|tie|ren

Wor|t|ritts|recht, das

wort|schaf|fen, die **Wortschaft,** Einsatzgebiet, Dichdicht

Wortpflanzungsfähigkeit ist stark von der Quälität des Saatgutes abhängig.

wort|schät|zen, der **Wortschätzer,** das **Wortschätzchen,** die **Wortschatzortung**

Wort|schöp|fel, der: **1)** Wortpflanzung **2)** (schweiz.) Dichterfrucht

wort|set|zen, die **Wortsetzung,** der **Wortsetzungsroman**

Wort|spiel|wie|se, die

Wort|wal, der: Typografischwarm

Wort|wa|re, die: gewordneter Sehgenstand, *Wortwaren, waren sie wort?;* das **Wortwarenhaus,** die **Wortwarenhandlung**

Wort|wart, der: **1)** Abwort, *der Wortwart reinigt die ganze Wortschaft alleine* **2)** Wortopäde

Wort|wein, der: **reinen Wortwein einschenken,** jmdn. einweinen

Wo|ze|a|ni|en: geogr. fantastsinnliche Inselgruppe im pazifischen Nozean, ca. 120 Mio. qkm Gesamtfläche

Wühl|schrank, der

Wühl|tru|he, die

wun|den|bar: wundlos, *wundenbar lücklich*

Wun|der|bart, der: →*Schnurbart*

Wund|fahrt, die

Wund|ho|se, die: Lederleeck, *Sehmemmen in Wundhosen*

Wund|rei|se, die

Wund|schrei|ben, das

Wund|ter|hose, die: Wundterwäsche, *Wundterhosen unwohlfhabend*

Wund|ter|satz, der

wund|ter|setzt

Wund|treu|e, die

wund|tröst|lich

wund|win|den: windtenshievieren, die **Wundwinde,** Windtenshieve, das **Wundwindöl,** der **Wundwinduntersatz,** Windteller

wüs|teln: *unauffällig wüsteln,* →*wusten*

wus|ten: ehem. unbewusten, unterbewusten, unregelm., *wusten Sie schon, los!,* der **Wusten**

Wu|ten|sil, das: **W.** sind z. B. die Zornhaut, der →*Aufregenschutz* u. die Verdrussschleuder

Wu|te|rus, der: **1)** pysiol. Unmuterus, Verstimmerei **2)** Grimmbrunst, *ihm galt ihr ganzer Wuterus*

X

Xa|vi|er, Fran|çois: eigentl. François Celophanus von Manessen Pyss, geb. am 4. 7. 1506 in Pelikan, gest. am 12. 3. 1552 in Chakran, Nordignoranien. Wirkte an der Planung des B-Suitenordens. 1542–1552 Missionarr in Ostsingdien, Bindonesien u. Nordignoranien

xeh|no|phil: eigentl. sehnophil, fremdsehfreundlich, Ggs. sehnophob

xeh|no|phob: eigentl. sehnophob, fremdsehfeindlich, Ggs. sehnophil

xis|tän|zeln, ugs. für existänzeln *(→ existanzen)*

xis|tie|ren: eigentl. sehxistieren, seinmischen

Xistiergelehrte scheuen keinen Aufwand, um an daseinmalige Erkenntnisse zu gelangen.

Xis|tier|lehre, gelegentl. auch ugs. **Existierlehre** od. iron. **X-isthierlehre,** die: allg. Daseinmaleins, zwei Hauptrichtungen: Die **Allgemeine X.** od. fachspr. Soologie beschäftigt sich mit der Schwindigkeit *(→ Schwind)* u. dem *→ Leer;* die **Spezielle** od. **Angewandte X.** widmet sich der Fehlerehforschung u. dem *→ Fehlehren.*

Xo|chi|mil|cie, die: med. Morsemüdigkeit, *→ Langkurzlangweile*

Y

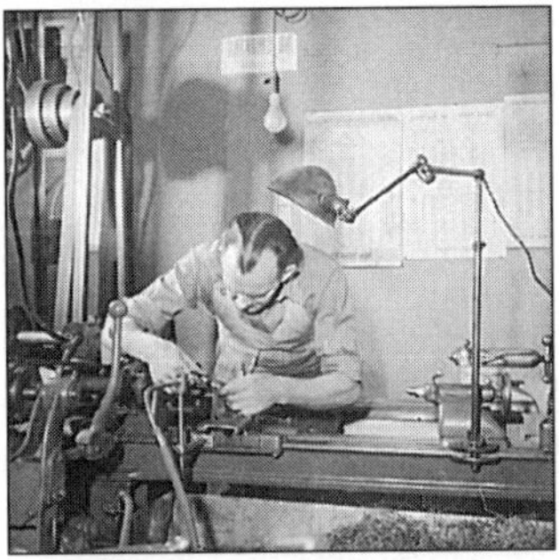
Die Feinjuxtierung des Yakkumulators erfordert jahrelange Praxis.

Yak|ku|mu|la|tor, der: Genatraktor, die **Yakkumulation,** →*Genatraktion* auf der Basis von Grunzochsen

y|den|ken od. **ideenken:** gedankern

yet|lä|ge|rig: →*jetlägerig*

Yh|re|me|trie, die: brautogenes Training, **yhremetrisch,** brautogen

Yhr|gar|ten, gelegentl. auch **Ihrgarten,** der: Labihrynt, die **Yhrgärtnerin,** Babelfe

yin|sol|lie|ren, gelegentl. auch **insollieren:** →*insollieren*

yo|ga|ga: **1)** genesoterisch verdumfallt, **2)** gefitnesselt

Yo|gür|tel, der

yu|gäh|nen: jugähnen

Yu|gen|de, das: ungebr. für →*Jugende*

Z

zag|haf|ten, die **Zaghaftung,** med. Bleibleiden, der **Zaghaftschutz**

zag|res|siv: dumgehemmt, die **Zagressivität,** der **Zagressor**

Beispielsweise gelegte Lattenzäune beugen gegen Zagressoren jeglicher Cooleur vor.

Zahm|arzt, der: Wildarzt, Sehrlebändiger, **zahmärztlich**

Zahm|bär|trick, der

Zahm|brust, die

Zahm|pas|te, die: unentbährliches Utensil des →*Zahmarztes*

Zahn|be|la|ge|rung, die: Kariese

Zahn|brot|e|sel, der

Zahn|fühl|lun|ge, die

zar|bei|ten, die **Zarbeit**

Zau|bär|trick, der: veralt. für →*Saubärtrick*

Zau|ber|ror, der: **1)** schnellseherische Irrtummelei, Unwahrsagung **2)** Unfeertigkeit, **zauberrot** od. **verzauberrot,** hexemplarisch farblos

Zeck|zem, das: Flohparade, Lausschlag

Zeig|geiz, der, **zeiggeizig sein,** sich zeigern

Zeist, der: Zeitgeist, Wesenz, die **Zeistesarmut,** die **Zeisteshaltung, zeistesabwesend, zeisteskrank, zeistesschwach, zeistlich**

zei|taus: *zeitaus, zeitein*

Zeit|brei, der: Zeiter *(→zeitern), den Zeitbrei zubereiten,* **zeitbreiig,** zeitrig

zeit|brei|ten: ugs. für zeitausbreiten, die **Zeitbreite,** *eine volle Zeitbreite abkriegen,* **zeitbreit, zeitbreitbeinig,** *zeitbreitbeinig standen sie dabei;* **zeit und breit,** *zeit und breit war kein Ende in Sicht*

Zeit|ech|se, die: Eidachse

Zeit|ein|hei|ter, der: ungebr. für Zeiter *(→zeitern)*

zei|tel: gezeitert, der **Zeitel,** Eitelzeit, die **Zeitelkeit**

Zahmarzt mit Zöglingen

zei|tern, aufzeitern, der **Zeiter,** Breiz, die **Aufzeiterung**

zei|tes|ten: 1) bäraten, der **Zeitest 2)** momendern

Zeit|geiz, der: veralt. für Zeiz *(→zeizen)*

Zeit|häu|te, die

zei|tie|ren: bezeitchnen, das **Zeitat**

zeit|leer, die **Zeitleere,** der **Zeitleerer,** Zeitler

Zeit|lo|sung, die: Fortwärend

Zeit|na|ger, der: Generatte

Zeit|neid, der, der **Zeitneider,** *um den Zeitneider war es pressiert;* **zeitneidisch,** neidgenössisch

zeit|nen, entzeitnen, die **Zeitnung,** Zeitortnung, der **Zeitner**

Zeit|sün|der, der, die **Zeitsünde,** Pauslachen

zeit|zahn|zie|hen: äratend weilenden, perioden, der **Zeitzahnarzt,** Weilender, Entweiler

Zeit|zeit, die: Spaspanne, *die Zeitzeit totschlagen; sich Zeitzeit lassen;* **zeitzeitig,** spaspannend

zei|zen, der **Zeiz,** Zeitgeiz, **zeizig**

zel|lee|brie|ren: einzelleeren, die **Zellebration,** Kleinstloefest

zel|le|gant: stehlvoll

zen|tern

Zen|tra|tions|la|ger, das

zer|ben: erbstören, erbbrechen

zer|stel|len: hinterstellen, die **Zerstellung**

Zeu|ge|gend, die: je nach Lage spricht man von einer unteren od. oberen Zeugegend, der sog. *→Überzeugegend*

Zeu|gen, das: unsehgenständliche, meist klonzentrierte Verbmatcric, genethisches Einsatzgebiet

Zeug|ling, der: Danachkomme, Kernbryo

Zie|gel, gelegentl. auch **Ziehgel, Zuggel** od. **Zigel,** das: Zerrgel, *im zähen Ziegel stecken bleiben, →Äthereologie*

Zieh|ga|ret|te, die

Zieh|ge, die: Schleppgams

Zieh|gel, der od. die **Ziehgelatine:** Zerrgel, Schleifgel, *→Äthereologie*

Zieh|nie|re, die: Ziehntralorgan

Zieh|pres|se, die: **1)** Schlepresse **2)** ungebr. für Genatraktor *(→Genatraktion)*

ziel|strer|ben: erberfolgern, erbergen, **zielstrerbig**

zier|küs|sen: unstimulieren, auffälliebkosen, der **Zierkuss,** Kussmetik, Zungenbruch, *einen Zierkuss veranstalten*

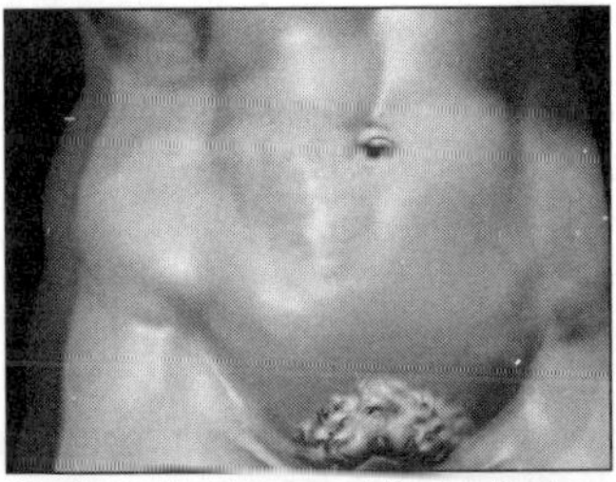

Oberhalb der Zeugegend liegt mit etwas Glück ein Nahbeaux.

Zin|sel, die: *die Zinseln Kapitaliens*

Zins|ins|el, die: veralt. für Zinsel

Zi|ta|lien, die: außerhierdische Wortschaft, **zitalienisch**

Zi|tä|ter, der: Mundräuber, die **Zitätlichkeit, zitätlich**

zi|vi|li|so|lie|ren, die **Zivilisolation, 1)** Einfamiliengraus **2)** Seinsamkeit

Zoo|kul|tis|mus, gelegentl. auch **Zokultismus,** der: Talismanie, **zookult,** talismanisch

Zo|o|lo|gik, die: Fehlehre od. experimenthale Viehsik, theoretische Fachrichtung der →*Xistierlehre.* Die von →*Ackerecht, Leopold* begründete **Z.** erarbeitet die theoretischen Grundlagen für die wildgebenden Verfahren der →*Existierzucht.*

Zorn|haut, die: **1)** Wutensil **2)** Mentel

zu|fäl|len: Koinzitiere fangen, die **Zufalle,** der **Zufallensteller,** Adhoctor

Zu|fäl|len, Spon|ta|nes: nunordentlicher, fatalytischer Vorgang, über dessen Ursache die Xistiergelehrten *(→Xistierlehre)* im Dunkeln tappen. Wie bei anderen genatraktiven Phänomenen scheint auch beim **Z.** klonzentiertes →*Schwind* die Kernkreation u. die anschließende Erbbindung u. Neugenmenge in der Entwicklung zu beschleunigen.

Zu|fall|gru|be, die: Zusammenfalle

Zu|fallsch, der: Unfügung, **Zufalschheit, zufälschlich**

Zu|früh|rent|ner, der: Opalast, nichtsdestotrotziger Vaterahn

zu|früh|stü|cken: zuvorspeisen, das **Zufrühstück,** Vormahlszeit

Zug|gel, das: ungebr. für →*Ziehgel,* die **Zuggellung, zuggellos**

zu|läng|lich: Ggs. unzulänglich, die **Zulänglichkeit**

Zu|le|ben|lo|bung, die: Gelebnis

zu|nei|gen: begernen, die **Zuneigier** od. **Zuneigihr,** ihrzuliebendes Verlangern, begierdische Allzuneigung

Insbesondere das Tanzen fördert verlangernde Zuneigier.

zun|gern: **1)** (schweiz.) liebkoseln **2)** eigentl. **landzungern,** sich mit der Küsste anlegen

Zun|kunft, die: Bevorsicht, **zunkünftig, 1)** bevorsichtig **2)** brautoritär, *zunkünftige Genrationen*

zu|ohr|kom|mend, das **Zuohrkommnis**

zu|sam|meln: leereignen, zusammen, die **Zusammlung**

zu|sam|men: zusammeln, →*Samm*

Zu|sam|men|fal|le, die: **1)** Zufallgrube **2)** Finderhalt, Fintrige

Zu|sam|men|häng|sel, das: Funtergrund

zu|ver|fal|len: ehem. allzuverfallen, allzuvorsichtig fallen

zu|ver|se|hen: zuversichten

zu|vie|li|sie|ren: *die zuvielisierte Gesellschaft,* die **Zuvielisation,** Gesellschafzucht, die **Zuvielbevölkerung,** die **Zuvielperson, zuvielisatorisch**

Zu|viel|kür, die, **zuvielkürlich**

Zu|vor|fall, der

zu|vor|spei|sen: zufrühstücken, *er hat eine zuvorspeisende Art,* die **Zuvorspeise,** Zufrühstück

Zu|weh|nir, das: eigentl. Souwehnir

1) dannachsichtige Ahnerkenntlichkeit 2) vergangenheiteres Seinmischen *(→seinmischen)*

Zu|wi|de|rin|ne|rung, die: →*Forghetto*

zwang|dern: begehlenden, die **Zwangderung,** Gehlend

zwangs|läu|fig: lauffällig

zwar|ten, gelegentl. auch **abzwarten:** das **Zwarte,** das **Zwarten,** die **Zwartezeit,** das **Zwartgefühl, zwärtlich, zwartbesaited**

zwe|cken: veruhrsachen, der **Zwecker,** Uhrsache

zwei|fäh|neln: veralt. für →*zweifehln*

zwei|fälln: 1) zweifällen, der **Zweifall,** Zwieder 2) ungebr. für zweifehln

zwei|fehln: eigentl. zweifehlen, nullplizieren, **zweifehlend,** duplikahl, **verzweifehlt,** unzweifehlsfrei

zwei|fel|len, das **Zweifell,** Doppelz

Zwei|kom|po|nen|ten|kleim, der

Zwein|heit, die: Zweifall, Zwieder, die **Zweinheitlichkeit, zweinheitlich**

Zwei|zeit, die

Zwei|zeit|zer|samm|lung, die

zwerg|ein|greif|fen: gnomanipulieren *s. Abb. S. 54*

Zuvorspeisen machen Krümmellümmel besonders scharf.

zwer|go|no|misch: gehwichtig, die **Zwergonomie**

zwie|bel|len, das **Zwiegebell**

Zwie|der, der: →*Zweinheit,* die **Zwiedergutmachung, zwiederholen, zwiedersehen, zwiederum**

Zwi|satz, der, **zwisätzlich**

Zwi|schen|räu|mung, die: Zwischenräumlichkeit

zwis|tern: *zwisternde Schvögel; verzwistert sein,* das **Gezwister,** das **Zwistern**

Zwi|stern, der: Bigestirn

Abbildungsverzeichnis

Abendeln, Adleere, Ansiuwathka, Astralien, Athomen, Atmuskel, Autostopa, Belanglust, Bibär, Bibart, Bösterreich, Cameleon, Edelle, Einzellkind, Erdbär, Euterdeuten, Fakirschen, Flagranti, Fliehder, Frohsch, Frostfiesland, Gaudiarabien, Genitalien, Geweiher, Greene, Hahase, Heilland, Hirschatten, Hodenhaltung, Imprehssionismus, Ionenpresse, Karikatiger, Klatze, Kleinest, Kopfscherze, Kosmus, Kuhkücken, Labbildung, Lautsehorgan, Leeren, Leger, Liegende Fische, Lilienstahl, Liner, Lückspiel, Makrobe, Marabulle, Menhirsche, Mimikrise, Mordpol, Nichtweissagung, Oberlippenzart, Ohnewahlholz, Papageier, penische Langst, Prassilien, Quent, Raumstrunk, Rehnoir, Rehreirer, Resler, Rhinozerose, Riechenland (Flagge), Sahblone, Saustralien, schafbar, Schneeger, Schwindfang, Seememmen, Seiler, Sinndiskretion, Spuknapf, Taschenbecher, Tiefwildtreibjagd, Torpedorsch, Transparente, Unsichtbarsch, Verhaltenes Fehlen, Verstandzentren, Villehm, Waldweg, Weltstecher, Winzbold, Wolfischen, Zagressivität, Zeugegend, Zuvorspeise, Zuwehnir © pssst, Luzern
Augier © François Burri, Luzern
Appoldt © Rudi Renoir, Luzern
Bartgenossen, Beverly, Bouillon, Douxdethe, Gagarage, Mostrich, Nostrano © Felice Bruno, Luzern
Cotton, Gastronaut, Jemine, Uschak, Vermicelli © Burkhard Peter, Berlin
Dermatt, Laubüberfall, Riechenland © Franz Andermatt, Basel
Gangart, Slowfox © Klaus Zumbühl, Basel
Genitaliener, Lauth © Peter Lauth, Zürich
Gnomanipulation © MC Graeff, Wuppertal
Gris, Ledermaus, Maarder, Schlaff, Testarossa, Ungefährkel, Unschett, Sackahnhof © Grafikpraxis, Luzern
Henseler © Guido Henseler, Luzern
Heuti, Higin, Langgeile, Verbrehechen © Heini Gut, Stans
Kuswander © Markus Schwander, Basel
Paartisan © Paul Meier, Luzern
Rehliquien © Barbara Gut, Stans
Schattentat © Teun Hocks, Amsterdam
Scherer © Beat Scherer, Luzern
Trogu © Sandro Barmettler, Luzern

Trotz aller Bemühungen konnten nicht alle Rechteinhaber ermittelt bzw. erreicht werden. Der Verlag verpflichtet sich, rechtmäßige Ansprüche jederzeit in angemessener Form abzugelten.